Kurt Rose

Der Sohn des Admirals

William Penn – Aufbruch in die neue Welt

BRUNNEN
VERLAG GIESSEN · BASEL

ABCteam-Bücher erscheinen in folgenden Verlagen:
Aussaat Verlag Neukirchen-Vluyn
R. Brockhaus Verlag Wuppertal und Zürich
Brunnen Verlag Gießen und Basel
Christliches Verlagshaus Stuttgart
Oncken Verlag Wuppertal und Kassel

Taschenbuch-Sonderausgabe 2000

Umschlagmotiv: Herbert Pohle, Taunusstein
Umschlaggestaltung: Ralf Simon
Herstellung: Druckerei Ebner, Ulm
ISBN 3-7655-3674-1

Das war immer eine aufregende Sache, wenn William die Nachricht erhielt: Der Admiral kommt nach Hause!

Dann wurde er aus Chigwell abgeholt, konnte die lateinischen und griechischen Bücher, die englische Grammatik in die Ecke werfen, sich in die Kutsche setzen und nach Wanstead fahren. Und dort lief ihm die Mutter freudig entgegen!

So war es schon dreimal gewesen, und so würde es auch diesmal sein, dachte William. Viele Wagen mit Koffern und Kisten würden kommen und dann die Kutschen, Diener, Soldaten, Offiziere, Freunde des Vaters aus London und von den Fregatten, und irgendwo in dem ganzen bunten Trubel seine, des Vaters, laute, lachende Stimme! Auch an der schweren goldenen Kette konnte William den Vater erkennen, an dieser Kette, die ihm Cromwell, der Protektor, der düstere Herrscher des Landes, geschenkt hatte.

Vielleicht würde ihm der Vater einen neuen Orden zeigen oder einen Federbusch aus einem fremden Lande, ein Fell oder eine dieser merkwürdigen Waffen. Alle würden im großen Saal des Wansteader Landhauses sitzen, riesige Bierhumpen in den Händen.

Und doch – man war vorsichtig! Daß die Fröhlichkeit nicht zu laut wurde, die Redensarten nicht etwa gotteslästerlich, die Lieder nicht zu lustig. Denn der Protektor war ein strenger Mann. Der Vater würde erzählen, wie er mit vollen Segeln ein holländisches Schiff gerammt oder ein spanisches in Brand geschossen hatte. Ja, wenn William Penn, der englische General zur See, in Westindien auftauchte, dann hielten die Neger und Franzosen und Flibustier den Atem an, zum Teufel noch mal – Verzeihung! Also dieselbe Geschichte ohne den Teufel, so wahr mir Gott helfe!

Und William, der Sohn, durfte dabeisein. Spät erst lag er dann im Bett, hörte die Männer unten reden und bewunderte den Vater, *seinen* Vater, der ein Seemann, ein Engländer, ein Soldat, ein Held war.

So würde es auch dieses Mal sein, dachte William.

Viel zu langsam die Kutsche für einen elfjährigen Jungen, der den einzigen „General zur See" in England seinen Vater nennt!

„Sehen Sie", ruft ihm der Kutscher zu, „die Ulmen von Wanstead, und aus den Schornsteinen raucht es vom Brutzeln und Backen für den Herrn Admiral."

William springt aus dem Wagen und läuft der Mutter entgegen.

„Wann kommt der Admiral-Vater?" fragt William lachend.

„Heute nacht oder morgen oder in drei Tagen. Du weißt, das hängt nicht nur vom Wind ab, sondern auch von der Laune des Vaters."

Aber statt des Vaters und seiner lärmenden Gesellschaft kommt ein einsamer schneller Bote, der die Familie in die Londoner Stadtwohnung auf Tower Hill ruft.

Vor dem düsteren Steinhaus auf Tower Hill stehen vier „Rundköpfe" mit ihren drohend ernsten Cromwell-Gesichtern unter den glatten, runden Eisenhelmen.

„Mein Gott!" ruft die Mutter erschrocken.

„Den Namen Gottes unnützlich im Munde führen", brummt einer der Soldaten und schreitet heftiger in seinem klirrenden Eisen vor dem Hause auf und ab.

Dann steht William vor dem Vater. Der hat die Arme vor der Brust verschränkt und ruft ihm entgegen:

„Kein neuer Orden dieses Mal, mein Sohn! Nichts zum Bestaunen für dich! – Was geschehen ist?"

Unvermittelt wendet sich der Admiral der Mutter zu, stößt seinen Arm in die Richtung des Fensters, durch das man die dunklen Umrisse des Towers sieht.

„Dort werde ich es erfahren ... Ach was, ich werde es niemals erfahren, aus welchem Grund England William Penn, seinen General zur See, verhaftet. England! Wer ist England? Du,

Oliver Cromwell, oder du, Karl, verbannt in Frankreich? Ich bin Penn und diene England! Das ist es! Ach, dieses undankbare Geschlecht!"

William versteht den Sinn der Worte nicht, die der Vater erregt ausruft. Aber er spürt zum ersten Mal, daß es da in der Welt etwas Riesiges, Feindseliges gibt, das diesem Mann, diesem guten und mächtigen und heldenhaften Vater, gefährlich werden kann.

„Erklären Sie uns", bittet die Mutter weinend, „was zu dieser schrecklichen Veränderung Ihrer Lage geführt hat."

„Unbeständig ist das Glück der Menschen", erwidert der Admiral, „unbeständig wie das Meer, seine Wetter und Winde. Meine Aufgabe, Madam, war es, Truppen nach Hispaniola zu schaffen, siebentausend Mann. Aber ein englischer Soldat kämpft gegen Holländer, Franzosen, Spanier oder wer es denn immer sein soll! Nicht aber gegen Hitze und stinkendes Wasser. Ist es ein Verbrechen, mein Verbrechen, daß Hunderte meiner Soldaten an Durst und Hitzepest starben? Aber ..." und hier tritt der Admiral ein paar mächtige Schritte auf den Sohn zu, „aber ich bin nicht heimgekehrt mit tausend Toten und einer verlorenen Insel, nein! Was tue ich, nachdem mir Hispaniola entgangen ist? Ich setze Kurs auf Jamaika, ich lande mit meinen fünftausend gesunden Männern, plündere die Städte, verbrenne die Dörfer; kurz: erobere Jamaika. Ich lasse dreitausend Mann als Besatzung zurück und lege Jamaika als englische Insel dem Lordprotektor zu Füßen."

„Und warum – warum hält man Sie hier gefangen?" ruft die Mutter.

Der Admiral wiegt seinen mächtigen Oberkörper hin und her, als befände er sich auf seinem schwankenden Schiff. Er winkt William zu sich heran und sagt mit gedämpfter Stimme: „Der König lebt in Frankreich. Heimtückische Zungen in London reden, ich hätte das Unternehmen Hispaniola mit Absicht scheitern lassen, in Karls Auftrag, um dem Protektor zu schaden. Geheime Verbindungen zum verbannten König sagt man mir nach. Ich aber, ich aber, mein Sohn, ich lege dem Protektor die Insel Jamaika zu Füßen, ein Paradies in der Neuen Welt."

„Ich bewundere Sie, mein Vater", sagt William und verbeugt sich: „Sie siegen immer!"

Der Admiral wurde mehrere Male in den Tower geladen und vor dem Staatsrat verhört. Jeder wußte, daß der alte Penn ein Freund des Prinzen Karl gewesen war (vielleicht noch immer war), des Sohnes jenes von Cromwell hingerichteten Karls I. Und so gab es genug Gerüchte, die ihn in Cromwells Augen zum Verräter stempeln konnten.

Schließlich sei Hispaniola-Haiti größer und reicher als Jamaika. Aber – so flüsterte man hinter vorgehaltener Hand – der König von Frankreich, Ludwig XIV., erhebe Anspruch darauf; jener Ludwig, dessen Schützling der nicht minder katholische Prinz Karl sei, Karl II., wie er sich am französischen Hofe titulieren ließ. Darum also, darum sei Penn kampflos aus Hispaniola aufgebrochen! Nichts von Hitze und Krankheiten und stinkendem Trinkwasser! Ja, einige wollten sogar wissen, daß Penn drauf und dran gewesen war, Flotte und Heer Karl zu übergeben, diesem englischen Möchtegern-König, der nur darauf wartete, das fromme Reich Oliver Cromwells zu vernichten.

Aber warum hatte Penn nicht Kurs auf Frankreich und zu seinem König genommen? Auch darauf gaben die Gerüchte eine Antwort: Weil sich Ludwig jetzt noch nicht an einen Krieg mit dem starken Protektor wagen wollte – noch dazu um dieses kleinen, albernen Karls willen. Und Penn? Der alte Fuchs nahm – gleichsam im Vorbeifahren – das Inselchen Jamaika, das ohnehin keiner haben will – kein Spanier und kein Franzose. Diese Drecksinsel! Aber Penn bringt sie als „Siegesbeute" mit. Doch nur, um Cromwell von allem anderen abzulenken, von Hispaniola und von Ludwig und von Karl. So, genau so sieht es aus!

Nun – alle diese hinterlistigen Angriffe gegen den Admiral hatten am Ende keinen Erfolg. Nirgendwo konnte ihm eine hochverräterische Verbindung mit Karl, dem sogenannten Zweiten, nachgewiesen werden.

So wurde die Haft nach wenigen Wochen aufgehoben. Die Familie zog wieder nach Wanstead. Penn wurde ein ehrenvolles Kommando angetragen. Aber er hielt es für klüger, London, die Nähe Cromwells, einen Auftrag zur See und das helle Licht des Ruhmes zu meiden. Also siedelte die Familie von England nach Irland über, in Penns Schloß und Gut Macroom, rund zwanzig Meilen westlich von Cork gelegen.

2

Für William, nun bald dreizehn Jahre alt, begann mit dieser von seinem Vater selbstgewählten Verbannung ein völlig neues Leben. Nicht länger das steife Chigwell mit seinem festgelegten Tagesplan für Unterricht, Spiel, Mahlzeiten, Schlaf – statt dessen freies, ungebundenes Leben auf dem Lande.

Schloß Macroom lag mitten in einem weiten Gelände, das von einer hohen Mauer geschützt wurde. Das dazugehörige Dorf schmiegte sich von außen so eng an die Mauer, daß die Rückwand mancher Bauernhütte hatte gespart werden können. Die irischen Dorfbewohner suchten in Zeiten militärischer Unruhe Schutz innerhalb der Mauer und unterdrückten solange ihren Haß gegen die englischen Soldaten, die als ständige Garnison in Macroom lagen.

Dennoch schien es notwendig, daß der Vater William lehrte, den Degen zu führen. Denn wenn der Junge über Land ritt, begegneten dem reichen Kavalierssohn die düsteren Blicke der Einheimischen. Cromwells Herrschaft, schon in England nur auf die Armee gestützt und von dauernder tiefster Unsicherheit begleitet, hatte Irland zu einem armen, angstbedrückten Land gemacht. Hunger und Elend, Aufruhr und Hinrichtungen waren die Zeichen, die der überfromme Protektor auf der Insel hinterließ.

Auf seinen Streifzügen durch das unbekannte Land, durch die weiten Moorgebiete, durch die Wälder und über die Hügel voller Farn, Heidekraut, Stechginster und Geröll lernte William, daß in diesem Lande zwei Menschengruppen lebten, die gegeneinander nichts als Haß empfanden. Daran änderte auch nichts, daß der Vater, um gute und willige Arbeiter zu haben, die Iren nicht unfreundlich behandelte.

Doch das stärkste Erlebnis in diesen vier Jahren Irland kam von einer anderen Seite. Vater Penn hörte eines Tages von einem Wanderprediger, zu dem die Menschen in der Stadt Cork in Scharen zogen.

Weniger um einen Prediger zu hören, als um der Öde und Einsamkeit des Lebens in Macroom einmal zu entfliehen, ließ der Admiral diesen Thomas Loe holen. Er befahl all seinen Bediensteten, zu der Versammlung zu kommen und den Prediger anzuhören. So sah sich also Thomas Loe vor einer recht ansehnlichen Gemeinde, die Familie Penn in der vordersten Reihe.

Was für ein Mann – dieser Loe! Schwarz und schlicht gekleidet stand er da. Gegen alle Sitte den Hut auf dem Kopf. Nur zum Gebet nahm er den Hut demütig in seine Hände. Sein Gesicht begann zu glühen, während er sprach. Die Augen offen und klar. Noch nie, weder in Chigwell, noch in Wanstead, nicht einmal in der von Gästen und Besuchern geradezu überquellenden Stadtwohnung auf Tower Hill hatte William je einen Menschen gesehen und gehört, der so eindringlich und – wie ihm schien – aus so überströmendem Herzen redete.

Es waren sonderbare Worte. Worte, deren Sinn William nicht verstand: inneres Licht – unmittelbare Verbindung zu Gott – das Leben der alten Christen, als es noch keine Priester und Kirchen und heiligen Kriege gab – du bist gemeint, du – du bist Gottes Licht – Kirchen, Kapellen, Altäre, nein, nein, die sind nicht Gottes Wohnung – du bist gemeint – du hast Ihn in deinem Innern …

So redete Loe. Manchem der Zuhörer war der Kopf während der langen Predigt auf die Brust gesunken. So mancher schreckte auf, als nun der Prediger schwieg, seinen fleckigen schwarzen Hut abnahm und einfach dastand, die Augen geschlossen. William blickte zu dem Vater hinüber. Der saß mit seinem mächtigen Körper da und sah Loe aufmerksam und streng an. Doch er unterbrach das Schweigen nicht.

Als man nach der Versammlung im Familienkreise beieinandersitzt, meint der Admiral zu Loe:

„Das sind ketzerische Dinge, die Ihr da gesagt habt. An einer Stelle habt Ihr geredet, als wolltet Ihr den Krieg aus der Welt schaffen – nur weil in der Bibel von der Liebe zum Feind gesprochen wird."

„Nur weil – nur weil in der Bibel", ruft Thomas Loe aufgeregt, „höre zu, William Penn! Gerade weil die Bibel, gerade weil Gottes Licht und Stimme in den Menschen so sprechen, ist das nicht Grund genug, um Frieden zu wollen?"

William fährt bei den Worten Loes erschrocken auf. Wie kann dieser Mensch es wagen, den Admiral mit Du anzureden! Nicht einmal er, sein Sohn, darf das. Was nimmt sich dieser Mensch heraus!

Immer wieder in den nächsten Tagen sieht er das vor Freude glühende Gesicht Thomas Loes vor sich, hört ihn zum Vater sagen: „Merke es dir, William Penn! Merke es dir!", und er versucht, sich an diesen oder jenen Satz zu erinnern. Aber es kommen nur Wörter zurück; Wörter, die ihm keinen Sinn zutragen: Dogmen, starre Dogmen – nicht schwören, nicht töten, William Penn – alles wird dir offenbart – demütig und ohne Widerstand – höre zu, William Penn! Merke es dir!

Bald darauf aber verdrängt eine unerwartete Nachricht aus England die verwirrenden Gedanken über den Wanderprediger. Eine neue, aufregende Änderung im Leben William Penns kündigt sich an.

3

Die Nachricht vom Tode Cromwells verbreitete sich mit einer Schnelligkeit, wie sie wohl nur die Freude verleiht, über ganz England, Schottland und Irland. Noch allerdings hielt man sich zurück. Wußte man doch nicht genau, wie sich der Sohn Cromwells – Richard – als Nachfolger ausnehmen würde. Doch Richard erwies sich sehr bald als Schwächling. Er wurde abgesetzt.

Aber nicht nur der Admiral dachte schon lange daran, den verbannten Karl aus Frankreich zu holen. Auch große Teile des Volkes hatten genug von der düsteren puritanischen Frömmigkeit. Sie wollten die unbeschwerten Zeiten zurückrufen, wo Tanzen und Hahnenkämpfe, Theaterspiel und Pferderennen das Leben lustig und schön gemacht hatten.

William erlebt in dieser Zeit den Vater geschäftig und aufgeräumt. Hohe Gäste kommen und gehen, und schließlich verläßt die Familie Macroom, zieht in das neue Haus auf Tower Hill. William ist inzwischen alt genug, um zu verstehen, was auf den vielen Konferenzen im Hause vor sich geht, wo man sich nicht mehr für ein lautes „Zum Teufel" entschuldigen muß.

Da sind die plötzlichen Abfahrten des Vaters, manchmal tief in der Nacht; die lauten Feste, auf denen da und dort in Gruppen sehr gedämpft gesprochen wird; die abgehetzten Boten, und da ist dann die großartig pompöse Abreise des Vaters nach Scheveningen in Holland. Einunddreißig Schiffe fahren über den Kanal, um Karl II. nach England zu geleiten.

Den Einzug des Königs erlebt William aus nächster Nähe. Der Vater, schon auf dem Schiff von dem neuen Herrscher zum Ritter geschlagen – nun also Sir William Penn –, reitet in unmittelbarer Nähe Karls.

Zwanzigtausend festlich geschmückte Reiter, Blumen auf den Straßen, Glockengeläut von allen Kirchen, die Außenfronten der Häuser mit kostbaren Teppichen verziert, Brunnen, aus denen Wein fließt, Frauen und Männer in allerneuester französischer Mode, ausgelassene Theaterspiele an allen Straßenecken, auf allen Kirchplätzen – ein verwirrendes Schauspiel für einen jungen Mann, der bisher nichts als die graue Nüchternheit der puritanischen Zeit und die steifen, zurückhaltenden Festlichkeiten in Macroom erlebt hat. Der Fünfzehnjährige nimmt die lärmende und stolze Fröhlichkeit Sir Williams in gehorsamem Schweigen hin.

Bevor William an die Universität Oxford abreist, befiehlt der Vater seinen Sohn zu sich. In seinem blauen Uniformrock mit den goldenen Knöpfen, die mächtigen Schenkel in enge weiße Kniehosen gezwängt, sitzt Sir William vor dem aufmerksam Zuhörenden.

„Sie haben mich rufen lassen, Vater“, beginnt William.

„Die Sonne der königlichen Gunst liegt auf mir, mein Sohn. Und sie wärmt auch dich. Ich bin mit vierzig Jahren zum Ritter geschlagen worden. Du kannst es mit zwanzig werden!

Denkst du noch an Macroom? Aber was ist schon Macroom! Jetzt bin ich Gouverneur und Kapitän von Schloß und Fort Kinsale in Irland. Du sollst einmal Gouverneur von ganz Irland werden! Kein englischer Kavalier in deinen Jahren hat eine solche Zukunft vor sich. Hast du erst einmal Oxford hinter dich gebracht, dann wartet der Hof der Stuarts auf dich. Eine glänzende Karriere, mein Sohn! Ich habe meinen ‚General‘ und meinen ‚Sir‘ ohne Oxford bekommen. Nun gut! Was aber wäre ich mit Oxford geworden! Jetzt bist du an der Reihe!“

„Ich will mich Ihrer würdig erweisen“, erwidert William gehorsam.

„Das ist gut“, ruft der Admiral freudig erregt aus, „das ist gut! Aber ...“, er steht auf, legt seinen Arm um Williams Schulter und meint dann, „... aber warum warst du so schweigsam, mein Sohn, als wir gestern abend nach dem Theaterspiel nach Hause fuhren? Nun? Heraus mit der Sprache!“

„Ein solches – ja, ein solches Theaterspiel, nun, ich finde es wüst – kann keinen tieferen Sinn darin erkennen. Da und dort ist es – verzeihen Sie, mein Vater –, ist es schamlos!“

Laut auflachend schlägt Sir William seinem Sohn die Hand auf die Schulter:

„Du mußt lernen, daß die Zeiten sich geändert haben. Wir sind jetzt freie Männer. Du wirst in Oxford, hoffe ich, auch in diesen Dingen noch einiges zu studieren haben. Cromwell ist tot. Wir aber leben!"

Und fröhlich lachend führt er den Sohn aus dem Zimmer.

Die jungen Männer in Oxford hatten sich dem neuen glänzenden Leben, das der König aus Frankreich mitgebracht hatte, schnell angepaßt. Vom König selbst stammte die Verordnung, daß die Studenten an den feierlichen und prunkvollen Gottesdiensten regelmäßig teilzunehmen und in der Universität wie in der Kirche die weiten Chorhemden zu tragen hatten. Neben diesen glanzvollen Veranstaltungen waren Trinkgelage, Feste und Raufereien an der Tagesordnung.

Obgleich allen Studenten harte Strafen, im äußersten Falle die Verweisung von der Universität drohten, wenn sie nicht täglich die Universitätsgottesdienste besuchten oder sich weigerten, das Chorhemd zu tragen, gab es eine kleine Gruppe von Studenten, die gar nicht daran dachten, die strenge Lebensführung aus der Zeit Cromwells aufzugeben.

William Penn sah mit Erstaunen, wie diese wenigen Studenten ernster arbeiteten, ordentlicher lebten, mutiger sprachen als die Menge der anderen. Zwar fühlte er sich mehr zum König als zu den Republikanern hingezogen, aber die „königstreuen" Studenten widerten ihn an. Um so mehr, als er eines Abends mitansehen mußte, wie ein johlender Trupp einen Professor, der unter Cromwell berühmt und geachtet gewesen war, im Dunkel eines Parks abfing und in einen Teich warf. Wütend sprang er dem Geschändeten zu Hilfe, stieß die Halbtrunkenen mit kräftigen Schlägen beiseite und zog den Ohnmächtigen aus dem Wasser.

Dieser – ein Dr. John Owen – unterrichtete eine Schar junger Männer, die sich zu ihm hielten, obwohl ihr Lehrer längst aus den Diensten des Königs entlassen war. Und bald gehörte auch William, der mit Hochachtung und Ergriffenheit den Vorlesungen Owens über den Sinn und den wahren Inhalt der Reformation folgte, zu den Schülern dieses Mannes. Hier wurde von der Freiheit des Gewissens gesprochen, von dem Mut, das Wort Gottes zu leben. Die jungen Männer spürten, daß es hier um ihr eigenes Leben ging.

In der überschäumenden Begeisterung, die Freiheit ihres Denkens vor aller Welt zu bezeugen, zerreißen sie eines Tages die lächerlichen Chorhemden und werfen die Fetzen ins Wasser. Sie halten in einem Studierzimmer Gottesdienste ohne Priester und ohne Altar und weigern sich, an den prunkvollen Universitätsveranstaltungen teilzunehmen.

William schließt sich dieser kleinen Schar der Verhöhnten und Gehaßten an. Er, der Sohn Sir William Penns, Sohn des Admirals, des Vertrauten, ja, des Gläubigers des Königs! Er entdeckt, daß Gewissensfreiheit ein Wert ist, um den zu kämpfen sich lohnt.

Nachdem er zweimal ganz bewußt den offiziell vorgeschriebenen Kirchgang versäumt hat, wird er zu einer Geldstrafe verurteilt; wird, als er sein eigenes Chorhemd in einen schmutzigen Bach wirft, verhaftet. Die Geldstrafe wird erhöht. Aber man fürchtet den Einfluß des Vaters und scheut vor der letzten Maßnahme, der Verweisung von der Universität, zurück.

William jedoch – ganz erfüllt von strengem und freudigem Eifer für das Evangelium – fordert die führenden Männer von Universität und Kirche heraus. Er besucht keinen der befohlenen Gottesdienste mehr, zeigt sich öffentlich mit dem verfemten Dr. Owen, verlangt in den Diskussionen der Studenten religiöse Freiheit für jedermann und weigert sich, an den barbarischen Vergnügungen der anderen Kavaliere teilzunehmen. Statt dessen besucht er ganz unverhohlen die Versammlungen der streng frommen Owen-Schüler. Die Professoren in Oxford können schließlich nicht anders, als William von der Universität zu verweisen.

Im Hochgefühl des Siebzehnjährigen, für die Gewissensfreiheit Unrecht erlitten zu haben, fährt William nach London.

Doch der Vater empfängt ihn voller Zorn, schlägt ihn im Beisein der Mutter mit der Peitsche und schreit:

„Du willst der Sohn eines Sir William Penn sein? Mein Sohn? Mein Sohn, von dem ich wollte, daß er einer der Großen Englands, ein Minister des Königs wird? Und was bist du nun? Da wagt ein frömmelnder Stockfisch vor mich zu treten! Aus Oxford verwiesen! Verlacht! Ein Kumpan der verfluchten Demokraten! Was willst du hier? Raus! Ich will richtige Männer um mich haben! Männer mit Blut in den Adern, voller Saft und Kraft! Wärest du aus Oxford geflogen, weil du einen Nebenbuhler im Duell erstochen hast oder weil du ein Mädchen … also wegen einer Sache mit Mut und Tollheit …! Gut wär's gewesen, gut! Aber so: den Kirchgang schwänzen, Chorhemden zerfetzen, in dunklen Zimmern Gebetsgewimmer – widerlich! Raus, du Mißgeburt! Geh zu deinen schwarzberockten Propheten!"

Noch einmal holte Sir William mit der Peitsche aus, als sich der Sohn zur Tür flüchtete, die Klinke packte und dem Vater entschlossen zurief: „Wenn Sie es denn so wollen!"

Da aber lief Lady Penn auf ihren Sohn zu, umschlang ihn und bat, zum Vater gewendet:

„Bedenken Sie Ihren Befehl, und lassen Sie mich hier reden, wo ich ein Recht habe mitzusprechen. Wohin schicken Sie Ihren Sohn? Dorthin, wo er nur noch mehr den puritanischen Ideen ausgesetzt ist? Dorthin, wo er zu unser beider Gespött als der ausgestoßene Sohn kärglich leben, vielleicht untergehen muß? Wie wollen Sie, wie soll ich hier in London leben, in der Gesellschaft bestehen, ja, beim König Gehör finden, wenn Ihr Sohn – wie jedermann bald wissen wird – irgendwo im Lande elendiglich inmitten einer verhaßten Sekte sein Leben fristet?"

Sir William, die Peitsche auf dem Rücken haltend, läuft im Zimmer erregt auf und ab. Schließlich sagt er, mühevoll beherrscht:

„Und nun? Was raten Sie, Madam? Den jungen Herrn belohnen? Den widerborstigen? Vielleicht gar …"

Doch noch ehe sich Sir William in neuen Zorn reden kann, unterbricht ihn die Mutter:

„Vielleicht liegt ein Versäumnis der Eltern vor. Wenn ich da an die Pläne denke, die Sie, Sir, für William hegen! Zwar ist Oxford gut, sollte er einmal die diplomatische Laufbahn einschlagen. Aber – Sie verzeihen, daß ich ohne große Einwände meine Gedanken äußere –, aber Frankreich ist besser!"

Ohne sein unruhiges Hin- und Hergelaufe zu unterbrechen, fragt Sir William:

„Wie meinen Sie das?"

„Für die Erziehung eines Gentleman", erwidert Lady Penn, „der dem englischen Hofe einmal nützlich sein soll, ist die Kenntnis des Landes unumgänglich, in dem unsere Majestät so lange Jahre der Verbannung verbracht hat. Und ist nicht Ludwig XIV. die Sonne, die über ganz Europa scheint? Höfisches Benehmen, die Lebensart des Kavaliers, Erfahrungen mit der großen Welt – nun, all dies haben wir unserem Sohn vorenthalten!"

Der General hält verblüfft inne, wirft die Peitsche in eine Ecke des Raumes, reibt sich die Hände, hebt den Kopf und ruft erleichtert:

„Das ist es, Madam! Das ist es! Man soll eine fröhliche Gruppe zusammenstellen, die nächste Woche nach Paris aufbricht. Geld, Empfehlungsschreiben, gute Garderobe, sichere Überfahrt, ein scharfer Degen! Ich werde für alles sorgen. William ist fast achtzehn, König Ludwig vierundzwanzig Jahre alt. Nun ja, mein Sohn, du mußt nicht gleich katholisch werden! Aber in allem anderen kann er dir ein Vorbild sein."

4

Nach zwei Jahren in Frankreich kehrt William nach London zurück. Und der General ist zufrieden mit dem Ergebnis der französischen Erziehung.

William – nach der neuesten Mode gekleidet – parliert gekonnt und vornehm in französischer Sprache, gibt sich witzig und schlagfertig; ißt und trinkt, was und wie man es in höfischen Kreisen gewöhnt ist.

Man weiß auch, daß er am Hofe Ludwigs XIV. in Fontainebleau Aufsehen erregt hat. Es wird von einem Duell mit einem französischen Kavalier gemunkelt, in dem William eine ausgezeichnete Figur gemacht habe. Der Vater erhebt selbst da keinen Einspruch, als er erfährt, daß William einen großen Teil seiner Zeit an der protestantischen Akademie von Saumur verbracht hat. Er sieht, wie selbstsicher, wie weltmännisch sein Sohn geworden ist, und hält die Frankreichreise, die eine so deutliche Wandlung des jungen Menschen bewirkt hat, für ein äußerst glückliches Ereignis.

Der Vater kann freilich nicht ahnen, daß sein Sohn die Augen nach allen Seiten offengehalten hat; daß er nicht nur die aufgeputzten Damen und Herren in den Tuileriengärten, sondern auch die Bettlerhorden an den Kirchentüren gesehen hat. Er weiß auch nicht, was William an der Akademie von Saumur gelernt hat; daß nämlich fromme Gefühle allein für einen wirklichen Christenmenschen nicht ausreichen, daß vielmehr jeder für seinen Nächsten wie für den Fernsten mit der Tat verantwortlich ist.

Auch die Geschichte mit dem Duell hatte sich anders abgespielt, als sie schließlich in Hofkreisen verbreitet worden war.

Eines Nachts war William, nur von einem Diener begleitet, in Paris auf dem Weg zu seiner Wohnung gewesen. In einer dunklen Gasse hatte sich ihm ein französischer Kavalier in den Weg gestellt, hatte den Degen gezogen und ihm zugerufen:

„Du wagst es, ohne Gruß an mir vorüberzugehen?"

Penn hatte höflich geantwortet: „Es tut mir leid, aber ich habe nicht bemerkt, daß Sie mich gegrüßt haben."

Ohne auf diese Antwort einzugehen, hatte ihn der andere hochmütig angefahren: „Sie wollten mich übersehen! Man kennt solche Kerle, die Kavaliere beleidigen wollen ..." und hatte William mit dem Degen angegriffen.

William zog und parierte anfangs nur die Stöße und Hiebe des Gegners. Als er aber merkte, daß der Franzose es tatsächlich darauf abgesehen hatte, ihn zu töten, führte er einen schnellen Hieb, so daß dem Angreifer die Waffe aus der Hand glitt. William stand, die Spitze seines Degens auf die Brust des Wehrlosen gerichtet. Da durchzuckte ihn der Gedanke: Ist so etwas wirklich das Leben eines Menschen wert?

„Gehen Sie", hatte er seinen Angreifer aufgefordert, „setzen Sie Ihr Leben das nächste Mal für wichtigere Dinge ein."

Was Williams Vater auch nicht wußte: wie sehr sich sein Sohn nach diesem Duell-Erlebnis mit der Frage beschäftigt hatte, ob Gewalt, ob der Degen, ob die Kanone die rechten Mittel sind, um Streitigkeiten zwischen Menschen zu lösen.

Der General wußte auch nicht, daß der Name Thomas Loe auf irgendwelchen Umwegen nach Frankreich geraten war. In Saumur war die Nachricht verbreitet worden, man habe den Quäker Thomas Loe in Oxford während einer Predigt verhaftet, und seit mehr als einem Jahr würden er und eine Reihe weiterer Quäker im Gefängnis liegen.

William, eben noch geblendet vom Glanz des französischen Hofes, eben noch erregt vom knisternden Leben der Pariser Ballsäle und voller Bewunderung für die Werke der Theatergötter Corneille und Racine, wollte aufgebracht wissen, warum man einen solchen Mann gefangengesetzt habe.

„Ein Quäker", sagten die jungen Männer in Saumur achselzuckend, „ein guter Prediger ohne Zweifel. Aber warum ist er nicht ein Protestant wie wir?"

„Ihr Engländer", wandte einer lachend ein, „ihr mit euren neuen religiösen Erfindungen! Vor zwanzig Jahren seid ihr puritanisch geworden, und nun fangt ihr an zu zittern, wenn der heilige Geist über euch kommt."

Dabei zappelte er merkwürdig mit den Knien und Händen und stotterte und quäkte: „Ich bin ein Zitterizippzapp, ein Quäki, Quäki, Quäki ..."

„Ich kenne Thomas Loe", unterbrach ihn William Penn ernst.

Einer der Umstehenden knurrte: „Ich habe noch keinen dieser Zitterlinge hier in der Akademie gesehen. Sie sind ein ungebildetes Volk: Bauern, Handwerker, Fischhändler ..."

Ein anderer: „Und jeder empfängt seinen heiligen Geist höchstpersönlich."

„Damit jeder sein höchstpersönliches Zittern kriegt", platzte ein dritter dazwischen.

Wieder dröhnendes Gelächter.

„Thomas Loe liegt im Gefängnis", sagte William laut. „Alle diese Quäker, ob lächerlich oder nicht, liegen im Gefängnis. Aber darf nicht jeder Mensch zu Gott reden wie er will? Gott versteht alle Sprachen! Er versteht unsere wohlformulierten Gebete, er versteht – meine ich – auch das Zittern dieser Quäker. Warum also ist Thomas Loe im Gefängnis?"

Einer aus dem Kreise antwortete: „Der englische König hat ein Gesetz erlassen, das die Quäker und ihre Gottesdienste verbietet."

„Ein Gesetz gegen die Freiheit des Gewissens", bemerkte William.

Der Gedanke an die gefangenen Quäker ließ ihn nicht los.

„Was sitze ich hier in Frankreich herum, wenn in England solche Gesetze erlassen werden? Der König ist gerecht. Er macht solche Gesetze nicht. Aber wer macht sie? Wer macht solche Gesetze in England?"

Das Leben in Paris verwirrte ihn immer mehr. Er fühlte sich hin- und hergerissen zwischen dem glänzenden, turbulenten Hofleben, in dessen Mitte der junge Ludwig XIV. stand, und den Nachrichten über immer neue Quäker-Verhaftungen in England. Überhaupt sah er sich in Frankreich aus dem Gleichgewicht geworfen. Da waren die prächtigen Abendgesellschaften, die geistvollen Gespräche mit den berühmten Männern seiner Zeit und auf der anderen Seite die stinkenden Elendsviertel der französischen Hauptstadt. Plötzlich empfand er mit aller Schärfe die Hohlheit, ja Grausamkeit all des königlichen Glanzes.

William kehrte nach London zurück.

Selbst nicht sicher, welchen Weg er nun gehen sollte, fügte er sich in die Rolle, die ihm der Vater zugedacht hatte. Und der wiederum war zufrieden mit dem „geläuterten" Sohn. William begann in Lincoln's Inn die Rechte zu studieren. Nach kaum einem Jahr aber trat ein Ereignis ein, das ihn zwang, sein Studium zu unterbrechen.

5

Heiß und feucht war der Sommer des Jahres 1665 in London. Die Ratten, die von den in der Themse ankernden Handelsschiffen an Land krochen, fanden in den dunklen und schmutzigen, feuchtwarmen Häusern der armen Leute, der Hafenarbeiter und der fliegenden Händler genau die Lebensbedingungen vor, in denen sie sich wohlfühlten. Mit den Ratten kamen die Flöhe aus den asiatischen Ländern; sie sprangen in die dünstenden Kleider der Arbeitenden, der Schlafenden, der in den Slums spielenden Kinder.

So kam die Pest.

Über die ersten Kranken flüsterte man nur in den Stuben und Gassen. Bald aber hielten die Menschen nicht mehr die Hand vor den Mund, sondern liefen schreiend und wehklagend die Häuser auf und ab. Und wer die Beulen am Leibe merkte, verkroch sich wimmernd in eine dunkle Ecke, bis er starb.

Admiral Penn befand sich bei der englischen Flotte und errang neuen Ruhm im Seekrieg gegen Holland.

Im Juni wurde Lincoln's Inn der Pest wegen geschlossen. William konnte seine Mutter dazu bewegen, in London zu bleiben, obgleich die königliche Familie bereits nach Hampton Court geflohen war. Einen Monat später verlegte der König seinen Hofstaat noch weiter von der verpesteten Hauptstadt weg nach Salisbury. Das Parlament war schon längst nach Oxford geflüchtet.

Ein stickiger Nachmittag im Juni. William eilt von Tower Hill durch die menschenleeren, öden Straßen und Gassen, um in der Innenstadt zu erkunden, ob er einer befreundeten Familie vielleicht helfen könnte. Die beklemmende Leere wirkt durch die wenigen Menschen, die scheu und schnell, mit starren Mienen durch die Straßen huschen, noch bedrückender.

Mit eiligen Schritten zieht ein Mann seinen mit einem schmutzigweißen Laken überdeckten Karren dicht an den Häusern entlang. Ein anderer nagelt mit unheimlich dröhnendem Hämmern eine breite Latte quer über die Haustür. Eine alte Frau trägt eine Kanne in den Händen – sorgfältig, damit das Wasser, das sie wohl von weither geholt hat, nicht überschwappt; ein zerlumptes Kind sitzt tränenlos vor einer offenen Tür, seine Puppe in der Hand.

Anderen Menschen begegnet William nicht. Er läuft durch eine geisterhaft leere Stadt. Und doch hat er immer wieder das sichere Empfinden, daß ihn fiebernde Augen hinter den Türritzen und Fenstervorhängen anstarren.

An vielen Häusern hängt, auf Papier oder Holz gemalt, das Gebet: Herr, erbarme dich unser!

Plötzlich laute menschliche Stimmen. In einer engen Nebengasse stehen zwei Männer vor einem Haus und rufen laut vor der verschlossenen Tür:

„Wie viele seid ihr? – Macht doch die Tür auf! Wir sind nicht krank. Hier ist Brot! So nehmt! Nein, wir wissen nicht, wann Gott uns holt. Er schickt uns zu euch. Eßt und betet!"

Dann gehen sie zum nächsten Haus.

„Ihr braucht keine Angst zu haben", sagen sie dort, „wir sind

Freunde. Laßt uns rein. Wir beten mit dem Kranken. Hier ist auch ein Stück Käse für dich."

Was sind das für Leute?

William geht weiter.

Auf einer breiten Straße rattern eine Kutsche und ein mit Hausrat beladener Wagen daher. Die Kutsche hält. Ein zierlicher weißer Handschuh zieht den Spitzenvorhang ein wenig zurück, und ein sorgfältig gepudertes Gesicht beugt sich aus der Kutsche.

„Mein Gott, Penn, was laufen Sie hier allein herum? Nur weg aus London! Ich bitte Sie!"

William fragt: „Wissen Sie etwas von den Battens?"

„Keiner weiß heutzutage etwas vom andern", lautet die eilige Antwort. „Sie sind verrückt, hierzubleiben."

Die Kutsche fährt an, und bald sind wieder nur die Stille und das Schweigen der um Gottes Erbarmen flehenden Häuser um William. Die meisten wohlhabenden Familien sind längst auf ihre Landgüter geflohen.

Ein Trupp von fünf königlichen Soldaten überholt Penn. Mißtrauisch wird er gemustert, aber seine vornehme Kleidung und sein Degen, der ihn als Kavalier ausweist, lassen die Soldaten ihren Schritt wieder beschleunigen. Vor einem niedrigen Haus machen sie halt, öffnen die Tür mit zwei Fußtritten, und der Anführer schreit: „Raus mit euch!"

Ein Mann und eine Frau in schlichter schwarzer Kleidung und mit einem Korb in der Hand treten vor die Tür.

„Wohnt ihr hier?" fragt der Soldat.

„Nein", sagt der Mann, „wir bringen den Kranken Brot."

„Und", wütet der Anführer, „verhext die Gesunden mit euren schwarzen Gebeten. Ihr Zappler, ihr glaubt, jetzt ist die richtige Zeit für euch, gegen die Gesetze zu verstoßen, wie? Ihr seid verhaftet!"

William läuft auf die Gruppe zu.

„Gegen welche Gesetze verstoßen diese Leute?"

„Gegen das Quäkergesetz, Herr, und gegen das Fünf-Meilen-Gesetz. Wir kennen die Bande. Es sind gottlose Strolche. Die sind schuld an all dem Elend. Los – mitkommen!"

Die Soldaten stoßen die beiden vorwärts und marschieren schnell – den Mann und die Frau mit Faustschlägen und Flüchen antreibend – die Straße hinunter.

William Penn bleibt verwirrt und allein zurück. Es drängt ihn, in das Haus zu gehen. Aber er hat leere Hände, und – was hätte er dort auch sagen können?

Er eilt weiter in die Stadtmitte, stellt fest, daß die befreundete Familie Batten abgereist ist, und macht sich auf den Heimweg – diesmal an der Themse entlang. Der Fluß riecht faulig, und auf dem gelbgrünen Wasser, den schmutzigen Ufern lastet ein schwerer heißer Dunst.

Lady Penn bittet William inständig, im Haus auf Tower Hill zu bleiben, wo die Luft ein wenig leichter weht. So überstehen die Penns die Monate der Pest. 70.000 Einwohner Londons hat die Seuche hingerafft.

Williams Gedanken kreisen um seine Erlebnisse mit den Quäkern. Was waren das für Leute? Sie hatten nicht nur die Pest zum Feind, sondern auch das königliche Gesetz. Freiwillig setzten sie sich der tödlichen Krankheit aus, wenn sie den Verbarrikadierten Nahrung brachten, wenn sie in die Häuser gingen, um den Kranken kühlende Tücher auf die Stirn zu legen – um dann plötzlich selbst zu spüren, wie in ihren Achselhöhlen die Beulen wuchsen, ihr Bauch sich blähte. Wer aber noch gesund genug war, um Hilfe und Trost zu bringen, stand in der Gefahr, von den Soldaten aufgegriffen und in die überfüllten, verpesteten Gefängnisse gesteckt zu werden.

Nachdem die Krankheit abgeklungen ist, geht William nicht mehr nach Lincoln's Inn zurück. Der Vater war zwar Ende September mit vier eroberten holländischen Kriegsschiffen und sieben Handelsfregatten heimgekommen – wie immer mit Ruhm beladen. Aber das rauhe Seemannsleben hatte seine Spuren hinterlassen: Die Gicht quält den älter werdenden Sir William. Deshalb überträgt er die Sorge um die irischen Besitzungen seinem nun volljährigen Sohn. Der reist nach Kinsale und lernt dort, ein Gut zu bewirtschaften und zu verwalten.

6

Nun in Irland, reitet William eines Tages nach Cork. Seine Garderobe muß etwas aufgefrischt werden. Er erinnert sich an einen Laden aus jener Zeit, als er mit den Eltern in Macroom wohnte, findet diesen und freut sich, in der Ladeninhaberin eine herzliche und gesprächige Frau anzutreffen.

„Oh, ich entsinne mich", sagt die Frau lächelnd. „Der Herr Admiral hat bei mir Stoffe und Knöpfe gekauft. Das ist schön, daß ich nun den Sohn vor mir sehe – in unserem Irland."

„In meiner Erinnerung", erwidert William, „lebt Macroom als ein sehr widersprüchlicher Ort: ein Paradies mit Gärten und vielen Bäumen, das aber von einer Mauer unglücklicher und böser Gesichter umgeben war. Es gibt eigentlich nur ein einziges Erlebnis aus dieser Zeit, das ohne Finsternis ist und das mich darum nie recht losgelassen hat."

„Und was war das?"

„Ich weiß nicht, ob Ihr schon einmal den Namen Thomas Loe gehört habt."

„Thomas Loe!" ruft die Frau aufgeregt. „Was habt Ihr mit ihm erlebt?"

„Nun, mein Vater hatte Thomas Loe eingeladen – ich mochte damals zwölf oder dreizehn Jahre alt sein –, von Cork nach Macroom zu kommen und zur Familie Penn, auch zu den Dienstboten und Knechten, zu sprechen. Das war wunderbar! Ja, wirklich voll von Wundern! Was gäbe ich drum, diesen Thomas Loe noch einmal zu hören!"

„Da braucht Ihr nicht viel drum zu geben", meint nun die Frau. „Morgen abend spricht Thomas Loe auf einer Quäkerzusammenkunft hier in der Stadt. Nur dürft Ihr's nicht ausposaunen! Die Spione lassen uns nicht in Ruhe. Ich werde auch dorthin gehen. Wollt Ihr über Nacht mit einem einfachen Quartier bei mir vorliebnehmen? Noch gibt's ja kein Quäkerhotel in Cork."

Sie lacht ihm zu, erfreut, für ihn sorgen zu können.

Die Quäker versammeln sich in einem Privathaus. Es dauert lange, bis sie alle beisammen sind. Kommen sie doch in großen Abständen; vorsichtig, um die Soldaten, die in den Straßen patrouillieren, nicht mißtrauisch zu machen.

William hat sich von der Stoffhändlerin durch die Stadt zu jenem Haus führen lassen, ist die zwei Treppen, dunkel und steil, hinaufgestiegen und findet sich schließlich in einem großen Zimmer wieder.

Fünf oder sechs Leute sitzen auf den Stühlen und Bänken im Kreise, schweigend und ohne sich um die Eintretenden zu kümmern. William klopft das Herz vor freudiger Erwartung, Loe wiederzusehen. Doch als er sich in dem Zimmer näher umsieht, wäre er am liebsten umgekehrt. Er spürt, wie wenig er in seinem vornehmen Aufzug in diesen Raum und zu diesen Menschen paßt. Der teure Stoff seines Anzuges, die weißen Spitzenkrausen an den Ärmeln, die elegante Perücke, der klirrende Degen – plötzlich wird ihm klar, daß auch seine Haltung, sein Blick, wahrscheinlich auch der selbstbewußte Klang seiner Stimme von dieser Kleidung bestimmt werden.

Er setzt sich, schweigend wie die anderen. Dann und wann hört er, wie jemand in den Raum tritt. Er blickt nicht auf. Seine Gedanken sind mit den sonderbar zwiespältigen Empfindungen beschäftigt, in die ihn der Raum, die demütigen Menschen, sein eigenes Gefühl versetzt haben.

Lange sitzen alle so da. Dann erhebt sich ein Mann und spricht mit langsamer, zitternder Stimme von der Bosheit der Welt, vom Jüngsten Gericht, ruft: „Wehe, wehe!“ und: „Eine große Trübsal wird kommen, wie nicht gewesen ist von Anfang der Welt!“ Seine Stimme versinkt allmählich in bebenden, unverständlichen Worten.

Lange Stille.

Ein anderer steht auf.

Er sagt: „Es gibt einen Glauben, der die Welt besiegt.“

Thomas Loe! Worte wie damals in Macroom!

„Ich denke an die Zeit, als der Glaube an Christus Jesus die römische Welt besiegte. Dieser einfache Glaube der ersten Gemeinden, ohne Streit um Dogma, um die Dreifaltigkeit, um Glaubensbekenntnisse und um die Sakramente. Wenn ich die Bibel recht gelesen habe, so gibt es nur ein Bekenntnis des Glaubens: Jesus Christus ist mein Herr! Und wenn ich die Ereignisse im Neuen Testament recht deute, so bleibt Pfingsten das andauernde große Fest: die glühende Kraft des Geistes, das Licht Christi, das in unser Inneres fällt, das Wort, das den Glauben entzündet und meine Hände in Bewegung setzt, genau das zu tun, was ich glaube."

Immer stärker drängt es William zu fragen: „Wie aber soll ich wissen, daß ich, gerade ich gemeint bin?"

Diese Frage bewegt ihn mehr und mehr: Wie soll ich wissen, daß ich gemeint bin? Wie bricht das Licht in mir, William Penn, an? Wie kann ich die Kraft spüren? Wie? Wie?

Und kaum hat sich Loe gesetzt, da vergißt William alle Sitte und Form, vergißt Stille und Schweigen, springt auf, will aus übervollem Herzen seine Frage loswerden, aber die Worte gehorchen ihm nicht. Er stottert: „Wie soll ich ..., bin ich denn ..., ich weiß doch nicht ..." – und bricht schließlich in Tränen aus.

Loe setzt sich neben ihn und legt den Arm um seine Schultern. Lange sitzen sie so.

Da plötzlich ertönt von unten Gepolter, Gegröle. Es stampft die Holztreppe herauf, und während alle im Raum ruhig und schweigend im Kreise sitzenbleiben, wird die Tür aufgerissen. Ein Soldat und noch einer treten mit klirrenden Schritten ins Zimmer. Zwei, wohl halbbetrunken, die sich einen Spaß daraus machen, Quäker aufzuspüren.

Der eine schreit: „Sieh mal an, unsre schwarzen Heiligen! Verzeihung, wir wollten gern ein bißchen mitmachen, nur so mitmachen, so eine hübsche verbotene Versammlung mitmachen!"

William sieht den Soldaten an. In Kinsale gehorchen ihm fünfzig solcher Burschen, und sein Vater hatte Hunderte unter seinem Kommando. Ein ungebildetes, rohes Volk, das man nicht anders als mit harten Befehlen und drastischen Strafen im Zaume halten kann. In Kinsale hätte er diesen Kerl durchprügeln und in Arrest stecken lassen.

Die im Kreis sitzenden Männer und Frauen sehen den Soldaten nicht an. Doch reizen ihn wohl gerade die völlige Bewegungslosigkeit der Menschen, die stumme Ergebenheit ihrer Gesichter zu bebender Wut.

„Aufstehen!" brüllt er. „Achtung vor mir, einem Soldaten des Königs! Antworten, verdammte Heuchler, stumme Idioten! Aufstehen!"

William schießt das Blut in den Kopf. Er springt auf, packt den Erschrockenen am Kragen, schleift ihn durch die Tür und stößt ihn die steile Treppe hinunter. Der andere Soldat preßt sich voller Angst an die Wand. Die Quäker aber sind aufgesprungen, wollen William zurückhalten.

„Das ist nicht richtig", weist ihn einer streng zurecht.

Ein anderer: „Gewalt ist nicht unser Weg!"

Im Hause verhallt der Lärm. Die Männer und Frauen setzen sich wieder. Stille und Schweigen.

Thomas Loe sagt: „Gottes Wille ist Friede."

Und später: „Bleiben denn all die Predigten in den Kirchen, all die Abendmahlsfeiern, alles Bibellesen ohne Wirkung? Wozu brauchen Christen die vielen Zeremonien, wenn Christus in den Herzen seiner Anhänger so wenig erreicht? Ach, dieser Mann aus Nazareth wußte sehr wohl, daß sich der Friede nicht entfalten kann, wenn im Innern der Menschen noch Macht, Größe und Ruhm die erste Rolle spielen. Darum wollte er diese Gedanken und Gefühle mit Stumpf und Stiel ausrotten, wollte den Menschen den Rat geben, dem Bösen im eigenen Herzen stets und überall Widerstand zu leisten und dem Gewalttätigen in der Welt keine Gewalt entgegenzusetzen."

William sitzt, den Kopf tief gebeugt. Sein Gesicht glüht vor Scham. Wie fern noch ist er dem Frieden, wie wenig wirkt Christus in ihm ...

Doch schon werden die Andächtigen wieder unterbrochen. Schwere Schritte stampfen die Treppe herauf. Lautes herrisches Reden. Zwei Offiziere treten in den Raum.

„Ja, hier ist es!" sagt eine rauhe Stimme.

Der eine Offizier: „Im Namen des Königs! Alle hier Anwesenden sind wegen Teilnahme an einer ungesetzlichen Versammlung verhaftet."

7

Penn und seine achtzehn Mitgefangenen werden vor den Bürgermeister von Cork geführt.

„Oh", bemerkt der Bürgermeister überrascht, nachdem er einen Blick auf Williams Kleidung geworfen hat, „Ihr, Sir, seid sicher aus Versehen verhaftet worden. Es tut mir leid. Ihr seid natürlich frei."

Aber William Penn antwortet: „Nein, mein Freund, ich gehöre zu diesen Leuten hier. Falls ich wegen eines Fehlers verhaftet worden bin – und das glaube ich fest –, so sind wir alle gleichermaßen unrechtmäßig hier. Deshalb frage ich dich als den Vertreter des Königs: Warum sind wir neunzehn Leute verhaftet worden?"

Der Bürgermeister: „Ihr gehört zu diesen Menschen? Schämt Euch, Sir, mich so zum Narren zu halten."

Darauf Penn: „Bürgermeister, ich frage dich ganz einfach, wo nimmst du das Recht her, diese Leute hier zu verhaften? Auf diese Frage will ich eine klare Antwort haben."

Der Bürgermeister: „Pfeift der Wind auch bei euch Kavaliers schon aus dieser Ecke? Schlagt den Kerls die Hüte vom Kopf! Warum habt Ihr keine Achtung vor diesem Gericht?"

„Ich habe Achtung", widerspricht Penn.

„Warum also nehmt ihr die Hüte nicht ab?"

„Weil wir nicht glauben, daß Hutabnehmen etwas mit Respekt zu tun hat. Aber ich frage noch einmal: Warum sind wir verhaftet worden?"

„Weil ihr an einer ungesetzlichen Versammlung teilgenommen und damit den königlichen Frieden dieses Landes gestört habt."

„Mit welcher Vollmacht habt Ihr uns verhaftet?"

„Wer fragt hier?" herrscht ihn jetzt der Bürgermeister an. „Wollt Ihr mir beibringen, entarteter junger Mann, was Vollmacht und Gesetz in diesem Lande sind?"

Der Bürgermeister steht auf, im Vollgefühl seines Amtes und voller Ärger über diese schwarzen schweigenden Gestalten und ihren jungen wendigen Wortführer.

„Im Namen des Königs", erklärt er feierlich, „verfüge ich, daß diese Leute auf Grund der Proklamation des Jahres 1660 gefangengesetzt werden, bis die Gnade des Königs über ihr weiteres Schicksal bestimmt."

Penn lächelt.

„Du irrst, mein Freund, das Gesetz ist aus dem Jahre 1662. Es ist eigentlich gegen die heimlichen Feinde des Königs abgefaßt worden, wenn man es inzwischen auch mit Vorliebe gegen die Quäker anwendet."

Die Soldaten packen die Männer und Frauen und führen sie durch die neugierige Menschenmenge zum Gefängnis. Bevor sie die Schwelle überschreiten, bleibt William stehen, hakt seinen kostbaren Degen vom Gürtel, drückt ihn einem der Zuschauer in die Hand und sagt: „Von nun an will ich unbewaffnet durch eine bewaffnete Welt gehen."

Die Nachricht von William Penns Verhaftung fliegt in Windeseile nach England, nach London, zu Sir William. Und der Einfluß des Admirals bewirkt noch einmal, daß sein Sohn und die anderen Quäker freigelassen werden.

An seinen Sohn aber schreibt der Vater:

„Sohn William, ich fordere Dich auf und befehle Dir mit allem Ernst, daß Du Dich so schnell wie möglich auf den Weg zu mir begibst. In Erwartung Deines völligen Gehorsams bin ich Dein geliebter Vater William Penn."

William hatte nun die Not seiner neuen Freunde am eigenen Leibe kennengelernt. Es drängte ihn, bei ihnen zu bleiben, sie mit seinem jugendlichen Mut zu stärken und ihnen durch Wort und Tat zu zeigen, daß er zu ihnen gehörte.

Als er schließlich nach England zurückkehrt, macht er in Bristol Station und übernachtet bei der Quäkerfamilie Springett. Seine Weiterfahrt nach London verzögert sich danach aus einem Grund, den niemand hatte voraussehen können: In der Tochter des Hauses Springett, Gulielma, lernt er ein Mädchen kennen, das ihm vom Himmel geschickt erscheint.

Sir William wohnte – weil von der Gicht geplagt – nicht mehr auf Tower Hill, sondern wieder in Wanstead; in diesem ungefügen Haus mit der riesigen Eingangshalle, aus der nicht einmal die dicken grünen Teppiche an den Wänden den Hauch der Kälte vertreiben konnten. Ebenso ungemütlich waren die Schlafzimmer im ersten Stock. Meist hielt sich die Familie in dem Wohn- und Eßzimmer auf, das durch unzählige Teppiche, fast zwei Dutzend Stühle, zwei Sofas und mehrere Tische und natürlich den gewaltigen Kamin etwas wärmer und wohnlicher wirkte.

Sir William aber empfängt seinen Sohn in der Eingangshalle. Dort sitzt er, den dicken Krückstock umklammernd, auf einem der hochlehnigen Stühle. Er bietet William – der mit dem Hut auf dem Kopfe vor ihm steht – keinen Stuhl an. Der aufgestaute Zorn ist von seinem roten Gesicht, der bebenden Hand abzulesen.

Nur mühsam beherrscht sagt er: „Es ist anscheinend heutzutage üblich, von den dringlichen Befehlen des Vaters keine Notiz zu nehmen. Seit neun Tagen warte ich auf dich."

„Du hast recht, Vater", erwidert William, „aber glaube mir, unvorhergesehene Ereignisse ..."

Sir William unterbricht ihn heftig.

„Du wagst es, mich mit DU anzureden, wo doch das SIE am Platze ist!? Bist du dir nicht klar darüber, daß Höflichkeit in dieser Form notwendig ist, um ältere Menschen und solche höheren Ranges in angemessener Weise anzureden? Nach der Erziehung, die dir dein Elternhaus gegeben hat, sollte es nicht nötig sein, dich an solche Selbstverständlichkeiten zu erinnern!"

Höflich, aber bestimmt antwortet William: „Wir reden Gott mit DU an. Kann man da für Menschen, und sei es der eigene

Vater, eine gesteigerte Form der Anrede benutzen? Sind Menschen nicht geringer als Gott ...?"

„Und wie", ruft der Admiral erregt, „wie wirst du dem König und dem Herzog von York begegnen? Wirst du sie anreden wie jeden Lumpenhändler aus Whitechapel?"

Darauf William: „Beide, der Lumpenhändler wie der König, sind Kinder Gottes. Der höhere und der niedere Rang gelten nur vor den Menschen, nicht bei Gott. Und sollen wir nicht Gottes Willen erkennen und tun?"

„Willst du mich wirklich über Gottes Willen belehren, Sohn? Gottes Wille ist, daß dem König mehr Ehre zukommt als mir und mir mehr Ehre als einem einfachen Soldaten."

Hier unterbricht William den Vater. Mit erregt erhobener Hand ruft er: „Verzeih mir, aber nirgendwo in der Heiligen Schrift ist dies oder ähnliches gesagt. Nirgendwo, daß die Menschen einzuteilen sind in hohe und niedere. Ehre sei Gott allein ..."

„Nirgendwo", schreit der Admiral, „ist auch gesagt, daß man den Hut abzunehmen hat vor seinem Vater! Ich aber befehle dir, daß du es tust. Weil es heißt, Vater und Mutter zu ehren!"

Sir William erhebt sich heftig, wagt einen Schritt nach vorn, aber die Gicht reißt ihn zurück. Laut aufstöhnend packt er mit der Linken die Lehne des Stuhls und sinkt mit dumpfem Fall auf die Knie. Zorn und Zittern in der Stimme!

„Ich werde beten, daß Gott dich davor erretten möge, ein Quäker zu werden ... jetzt, jetzt werde ich beten: Gott, ich bitte ... dich ..."

Da stürzt William in tiefstem Entsetzen auf den Vater zu:

„Nein, nein, lästere Gott nicht! Schweig, schweig!"

Er hebt den schweren, schluchzenden Mann auf und setzt ihn behutsam in den Stuhl zurück.

Mit zitternden Händen hält Sir William den Sohn an den Armen fest.

„Ist wieder alles gut?" fragt er. „Wirst du mein Sohn bleiben? Wie könntest du Gesandter werden, wie Minister, wenn du ein Quäker bist? Ich öffne dir die Welt. Als Quäker bist du nichts –

nichts! Ein Feind des Königs, ein Feind deines Vaters, ein Feind deiner selbst! Wirst du mein Sohn bleiben?"

William antwortet leise und langsam:

„Erinnerst du dich an Thomas Loe? Warst du nicht selbst betroffen von seinen Worten – damals in Macroom? Ich bin mir ganz sicher, daß du den Freunden näher und näher gekommen wärest, hättest du nicht den Ruhm eines Admirals und die Verbindungen zum Hofe vorgezogen. Ich, Vater – bitte, versuche mich zu verstehen –, ich muß Gott in meinem Gewissen gehorsam sein."

Da steht der Admiral feierlich auf, gibt seinem massigen Körper eine gebieterische Haltung und spricht in den leeren, kalten Saal hinein – so, als verkünde er einer großen Versammlung ein Gesetz:

„Dann geh! Dieses Haus und das Herz deines Vaters sind von nun an für dich verschlossen. Geh zu denen, die dich ins Elend und Unglück führen werden ..." und schreit, mit dem Stock aufstampfend: „Pack dich!"

Ohne auch nur einen Moment zu zögern, verläßt William Wanstead. Verzichtet darauf, daß der Vater ihm eine finanzielle Grundlage für die Zukunft gibt. Völlig mittellos trifft er bei einer Quäkerfamilie in London ein und beginnt zu arbeiten.

8

Alles in William Penn drängte danach, sich selbst und der Welt Rechenschaft abzulegen, sich in aller Redlichkeit über seine eigenartige Wandlung klarzuwerden. Und so schrieb er Abhandlungen, Flugschriften, Versuche, Anklagen, Verteidigungen.

Solange es darin nur um die Forderung ging, daß der Eid vor Gericht abzulehnen sei, konnten die Behörden den Schreiber solcher Gedanken unbehelligt lassen; man wußte ohnehin bald, daß ein Quäker auch ohne Eid die Wahrheit sagte, getreu der Forderung des Neuen Testaments: Ich sage euch, daß ihr keinen Eid leisten sollt, um eure Aussage glaubwürdiger zu machen. Wenn ihr wollt, daß man euch glaubt, so sagt ja oder nein.

Schwieriger wurde es, als der junge kühne Schreiber in seinen Schriften den Priesterstand ablehnte, ebenso die Kirchengebäude mit ihren schmucküberladenen Altären, den Bildern und Glasfenstern, den kostbaren Gold- und Silbergeräten. Noch gefährlicher, als er den Sakramenten der Taufe und des Abendmahls keine wesentliche Bedeutung für das Verhältnis Gottes zu den Menschen beimaß.

Das Faß zum Überlaufen aber brachte seine Schrift „Auf Sand gebaut". Sie versetzte die festgefügte Kirche Englands, die gesamte fromme Gesellschaft seiner Zeit mit allen Gerichten der Nation in helle Empörung.

Nun ging es nicht anders! Man mußte der Gottlosigkeit der Quäker – wie das schnelle Urteil lautete – einen Riegel vorschieben!

Doch Penn, „dieser unausgegorene Wirrkopf", behauptete:

„Seht doch einmal auf die Zeit des ersten Christentums, auf die Zeit der Apostel! Dann werdet ihr feststellen, daß es damals keine festgefügten Dogmen gab, weder Auseinandersetzungen um die Lehre von der Dreifaltigkeit noch um die Lehre von der Verwandlung von Brot und Wein in den wahren Leib Jesu Christi; ja, nicht einmal ein ausführliches Glaubensbekenntnis wie das heutige hat es gegeben. Was ist doch innerhalb von vier Jahrhunderten aus dem schlichten und klaren Bekenntnis geworden: Jesus Christus ist mein Herr! Welche Anhäufung schwieriger Formeln! Welch kaum noch verständliches Gedankengebäude!"

Als man William Penn freilich den Vorwurf machte, er leugne die Göttlichkeit Jesu, widersprach er leidenschaftlich: „Das habe ich an keiner Stelle getan!"

Die Angelegenheit wurde vor den Königlichen Geheimen Rat gebracht: dreißig Männer, oberste Beamte des Staates, Lords und andere von Karl II. besonders ausgesuchte Leute. Sie verurteilten Penn zur Gefangenschaft im Tower, ohne eine Frist zu setzen.

Fast ein Jahr brachte Penn in Einzelhaft zu. Eingesperrt in einen engen Raum unter dem Dach des Towers, der Kälte des Winters und der glühenden Hitze des Sommers – dank der alten Sparren und zerbrochenen Ziegel – schutzlos ausgesetzt. Keine Verbindung zur Welt „draußen" war ihm erlaubt. Es gab keine Nachricht von den Freunden, auch Bücher waren ihm verboten. Aber die Enge des Raumes, in dem es Luft und Licht nur zusammen mit der entsprechenden Kälte oder Hitze gab und die den bewegungsfreudigen Vierundzwanzigjährigen zu fast völliger Bewegungslosigkeit zwang, machte ihm am meisten zu schaffen.

Zwei Dinge hielten ihn aufrecht, stützten ihn, fachten immer wieder seine Lebenskräfte an: die unbeugsame Überzeugung, daß sein Gewissen ihm recht geraten hatte, und schließlich sein erstaunliches Gedächtnis.

William besaß die Fähigkeit, ganze Seiten der Heiligen Schrift, Sätze aus Büchern, die er vor Jahren gelesen hatte – von Plato bis zu Shakespeare und John Bunyan, Martin Luther oder Erasmus von Rotterdam – im Gedächtnis zu behalten und sie in seinen eigenen Schriften anzuwenden.

Schließlich erhielt er die Erlaubnis, eine Erklärung seiner Schrift „Auf Sand gebaut" zu verfassen. Darin versuchte er, seine und seiner Freunde Ansicht über die Dreieinigkeit noch einmal zu deuten. Es gelang ihm, diese neue Schrift einem seiner hochgestellten Bekannten zukommen zu lassen. Auch eine Unterredung mit dem Bischof von London – vom König gestattet – mag dazu beigetragen haben, daß er nach diesem qualvollen Jahr der Einzelhaft im Tower endlich freigelassen wurde.

9

Sir William Penn, den älter werdenden Admiral, bewegte gleichermaßen die Sorge um seine irischen Besitzungen wie die Frage nach den 16000 Pfund, die er dem König geliehen hatte.

Die Gelder, die Ludwig XIV. dem englischen König gnädigerweise zukommen ließ, reichten nämlich bei weitem nicht aus, um den Hof in London dem französischen anzugleichen, wie es doch Karls innigstes Bestreben war. Und so war er gezwungen, bei seinen finanzstarken Großgrundbesitzern – zu denen auch Sir William gehörte – um Geld, Geld und nochmals Geld anzuklopfen. Immer wieder!

Auf diese Weise waren die Schulden des Königs bei dem Admiral inzwischen auf 16000 Pfund angestiegen. Und nicht zuletzt aus diesem Grunde hielt der von der Gicht geplagte Vater eine Versöhnung mit seinem Erben für notwendig – eine Versöhnung, um die William den Vater schon in einem seiner Briefe aus dem Tower gebeten hatte.

Der Sohn war nur allzu bereit, sofort nach Kinsale und Cork zu reisen, um die vernachlässigten Geschäfte dort für den Vater zu regeln. Mit frischer Kraft packte er überall an, wo man ihn brauchte: beim Vater, um dessen irische Besitzungen zu verwalten und sich um die Gelder zu kümmern, die ihm der König schuldete; bei Gulielma Springett, die in Bristol auf ihn wartete; bei seinen Freunden in den Gefängnissen und auch außerhalb der Gefängnisse in England und Irland. Sie brauchten nicht nur seine Fürsprache bei den Gerichten, sondern nutzten auch seinen Einfluß bei hochgestellten Personen, die den sonderbaren Sohn des Admirals, diesen Kavalier mit der merkwürdigen Leidenschaft für die Quäker, nicht einfach abweisen konnten wie irgendeinen Sektierer.

Die Quäker waren in der Mehrzahl „ungebildete“ Leute, die ihre fromme Schlichtheit häufig übertrieben. Ihre Predigten – und jeder von ihnen war ein Prediger – wirkten mitunter eintönig und holprig, waren mit Bibelsprüchen gespickt und dauerten Stunden um Stunden. Da war es schon bemerkenswert, daß plötzlich einer zu ihnen kam, der aus den höchsten Kreisen der Gesellschaft stammte und sich mit ihnen – dieser Kleine-Leute-Bewegung des armen Webersohnes George Fox – verbrüderte.

George Fox, den Gründer der Quäkerbewegung, wollte Penn nun endlich kennenlernen. Bevor er sich also nach Irland aufmachte, blieb er noch einen ganzen Monat in Bristol. Dort wohnten ja die Springetts, und dort traf er auch Fox.

Fox war ein zäher, unglaublich widerstandsfähiger Mann, der seine vielen Gefängnisjahre, die Entbehrungen und Mißhandlungen durch seinen festen Glauben an Gottes Hilfe unbeschadet überstanden hatte. Nicht ohne Grund trug er immer einen Lederanzug. Wären doch gewöhnliche Leinenhosen und das übliche Stoffwams bei seinem unsteten, anstrengenden Leben fehl am Platze gewesen.

Fox berichtete William, daß er in seinem 23. Lebensjahr, nach vier Jahren unruhigen Wanderns und Suchens, erkannt hatte, wie Gottes Handeln mit ihm aussah und wie er auf dieses Handeln Gottes antworten sollte: Es sei nur nötig, schweigend zu warten, alle Geräusche ringsum, alle Gedanken an diese Erde abzuschalten und das Wirken des göttlichen Geistes im eigenen Herzen zu erkennen.

Fox begann, diese Erkenntnis zu verkünden. Doch damit weckte er nur den Unmut der Priester, der Pfarrer und des Kirchenvolkes, das in herkömmlichen Vorstellungen zu glauben und zu denken gewohnt war – und danach war Gott ausschließlich in heiligen Räumen gegenwärtig.

„Nein, nein“, widersprach Geoge Fox, „der heilige Raum Gottes ist das Herz des Menschen!“

Sie lachten ihn aus, schlugen ihn, vertrieben ihn und kerkerten ihn ein – wenn er auf dem Markt oder in einem Gotteshaus predigen wollte, wenn er in einer Gasse zu vier, fünf Menschen redete oder auf dem Felde zu den Bauern.

Wie oft griffen die Leute dann zu Stöcken und Steinen! Fox wehrte sich nicht, er ließ sie schlagen und werfen, ohne auch nur die Fäuste gegen die wütende Menge zu erheben. Aus allen

Peinigungen und Gefängnislöchern erhob er sich immer wieder und predigte, wohin er kam; ganz gleich, ob ihm zwei oder drei oder hundert Menschen zuhörten.

Als Karl II. nach Cromwells Tod aus Frankreich kam, um den Thron Englands zu besteigen, gab es 40000 Quäker in diesem Lande; arme und hungrige Leute, kleine Handwerker und Bauern, die sich in den pompösen Gottesdiensten der englischen Hochkirche nicht zurechtfanden, denen die kunstvollen Predigten von den Kanzeln herab nichts gaben. Und so zogen sie sich in die schlichten Zusammenkünfte dieser Quäker zurück – da fand ihre geplagte Seele ein Zuhause.

Doch nun geschah das Unerhörte! Ein Mensch aus der Welt des königlichen Hofes, aus der Schicht der Ritter, der anerkannten Kirche und der strengen Gesetze kam in die Welt des Webersohnes George Fox, des verhaßten und verfolgten Mannes, in die Welt einer neuen Freiheit Gott gegenüber.

Es waren Tage voll tiefer, freudiger Begeisterung, die George Fox und William Penn in Bristol miteinander verlebten. Jetzt war sich William – endgültig – seines Weges gewiß.

Kaum in Cork angekommen, eilte er zu den Freunden ins Gefängnis, brachte ihnen Lebensmittel und betete mit ihnen. Nicht anders dann in Dublin. Er sprach bei dem Bürgermeister von Dublin vor, dann bei Lord Drogheda, schließlich bei dem Grafen von Arran, von Roscommon und anderen Freunden seines Vaters. Alles Leute, die der Familie des Admirals irgendwie verbunden waren. Überall bat er um Fürsprache oder unmittelbare Hilfe für die gefangenen Quäker.

In den irischen und englischen Gefängnissen lagen so viele Quäker, daß die Freunde dort – mitten unter Dieben, Mördern, Schuldgefangenen und Straßenräubern – ihre stillen Versammlungen abhalten konnten. Häufig zwar unter den höhnischen Zwischenrufen der Mitgefangenen – und doch war da und dort ein Übeltäter, der plötzlich begriff, daß man mit der Bergpredigt ernst machen kann.

Am königlichen Hofe allerdings dachte man keineswegs daran, die harte Behandlung der Quäker zu lockern. Ganz im

Gegenteil! Es dauerte nicht lange, da beschloß das Parlament, die sogenannte Konventikelakte zu erneuern, „um weitere und schnellere Rechtsmittel gegen die wachsenden und gefährlichen Umtriebe von aufrührerischen Sektierern und anderen gesetzlosen Personen zur Verfügung zu haben, Personen, die unter dem Vorwand, ein besorgtes Gewissen zu haben, in ihren Versammlungen revolutionäre Gedanken äußern, wie die jüngste Erfahrung gezeigt hat. Jeder Untertan dieses Königreichs von 16 Jahren an soll streng bestraft werden, wenn er in einer Versammlung, einer sogenannten Andacht oder Zusammenkunft angetroffen wird, die unter dem Vorwande der Religionsausübung, jedoch nicht gemäß der Liturgie und Weise der Kirche von England abgehalten wird".

So schnell er nur konnte, kehrte William nach England zurück. Ihm war völlig klar, was nun geschehen mußte, und er ging – ohne auch nur einen Augenblick zu zögern – auf das Unvermeidbare zu.

Sein erster Gang in London führte ihn zu dem Versammlungshaus der Quäker in der Grace-Church-Street. Die Tür war verriegelt und wurde von einem Trupp königlicher Soldaten bewacht. Eine Gruppe von Freunden stand schweigend auf der Straße. In einiger Entfernung warteten Schaulustige, Londoner Pöbel, neugieriges Volk, das durch die Not, das Elend ihres Lebens alle Freundlichkeit und Mitmenschlichkeit verloren hatte. Was hatten diese Menschen aber auch alles erleiden müssen! Die Pest, den großen Brand der Stadt, die ständigen öffentlichen Hinrichtungen ... Jetzt konnten sie es kaum erwarten, diese Gruppe von sonderbaren Heiligen zu verhöhnen und sie mit Dreck zu bewerfen.

William ging um das Haus herum in die Lombard-Street und fand auch dort den Nebeneingang verschlossen. Also stellte er sich zu den schweigenden Quäkern und begann, im vollen Bewußtsein, damit gegen die Konventikelakte zu verstoßen, laut zu den Umstehenden zu sprechen.

Er hatte noch keine drei Sätze gesagt, als auch schon die Soldaten auf ihn zutraten. Die neugierig lauernde Menge wurde bitter enttäuscht; denn Penn und William Mead – ein anderer Quäker – ließen sich ohne jeden Widerstand gefangennehmen. Auch die anderen Freunde machten keinerlei Anstalten, die Soldaten an der Festnahme zu hindern. Die jungen Burschen wie die alten Fischweiber johlten und pfiffen, ließen ihren Ärger an den Quäkern aus, die dem Gefangenentrupp schweigend folgten; angeschrien, bespuckt, gestoßen von der wütenden Menge.

10

Die Anklageschrift gegen Penn und Mead lautete:

„Daß William Penn, Edelmann, und William Mead aus London, Leineweber, mit verschiedenen weiteren Personen, den Geschworenen nicht bekannt, in der Anzahl von dreihundert, am 14. August, im 22. Jahre des Königs, gegen 11 Uhr vormittags des genannten Tages, mit Gewalt und Waffen in der Straße genannt Grace-Church-Street ungesetzlicher- und lärmenderweise sich versammelten und so den königlichen Frieden daselbst störten, wird hiermit festgestellt. Die vorgenannten William Penn und William Mead zusammen mit weiteren Personen, den vorerwähnten Geschworenen nicht bekannt, versammelten sich zu vorerwähnter Zeit an vorerwähntem Ort. Der vorgenannte William Penn nach vorheriger Verabredung zwischen ihm und dem vorgenannten William Mead und mit Beihilfe des vorgenannten William Mead machte sich daran, zu vorerwähnter Zeit am vorerwähnten Ort auf offener Straße zu predigen und zu reden und tatsächlich predigte und redete, woraufhin ein großes Gewühl und ein Tumult der Leute in der vorerwähnten Straße eine lange Zeit anhielten und sich fortsetzten, dies alles im Ungehorsam gegen unseren Herrn, den König, und gegen sein Gesetz, in Mißachtung des königlichen Friedens, zum großen Schrecken und zur Beunruhigung vieler königlicher Untertanen, zum schlechten Beispiel für alle Gesetzesbrecher in ähnlichen Fällen und gegen den Frieden unseres erhabenen Königs und seiner Krone."

Vertreter der Anklage waren der Lord Mayor (der Oberbürgermeister von London) sowie der Stadtrichter. Die zwölf Geschworenen, an deren Spitze ein Mann namens Edward Bushel stand, mußten erstmals in einem Fall entscheiden, in dem Quäker angeklagt waren. Bisher hatten sie über diese religiöse Gruppe kaum mehr als allgemeine Gerüchte gehört. Und die übliche Praxis war, daß sich die Geschworenen dem erfahrenen Urteil und Willen des Bürgermeisters und Stadtrichters anschlossen.

Der Stadtrichter eröffnete die Verhandlung.

„Bekennt Ihr Euch, William Penn und William Mead, im Sinne der erwähnten Anklage für schuldig?"

Penn: „Es ist unmöglich, daß wir uns an jedes Wort der Anklage erinnern. Darum wünschen wir eine Abschrift, wie es bei solchen Gelegenheiten üblich ist."

Richter: „Ihr habt Euch zuerst zu der Anklage zu äußern."

Penn: „Gut, dann bekenne ich mich nach Form und Inhalt nicht schuldig."

Mead: „Ich bekenne mich nach Form und Inhalt der Anklage nicht schuldig."

Der Lord Mayor, aufgebracht durch die selbstbewußte und sichere Sprache der Angeklagten und wohlvertraut mit den Eigenheiten der Quäker, fragt:

„Warum erscheint Ihr hier ohne Hüte?"

Vermutlich waren ihnen die Hüte in dem Gewühl der Volksmenge oder irgendwo in der allgemeinen Verwirrung verlorengegangen.

„Kerls", schreit der Lord Mayor, „Ihr seid nicht richtig angezogen. Bringt jedem Angeklagten einen Hut!"

Von irgendwoher kommen Hüte, ein Offizier setzt sie auf die Köpfe der beiden und führt Penn wie Mead nach vorn.

Der Stadtrichter schlägt wütend mit der Faust auf den Tisch und brüllt: „Wißt Ihr eigentlich, wo Ihr seid?"

„Ich meine es zu wissen", erwidert Penn ruhig. „Dies ist ein Gerichtshof. Ich nehme an, der Gerichtshof des Königs."

„Und wißt Ihr auch, daß Ihr diesem Gericht Achtung schuldig seid? Warum also laßt Ihr Eure Köpfe bedeckt, he, wenn Ihr vor des Königs Gericht steht? Warum nehmt Ihr Eure Hüte vor diesem hohen Gericht nicht ab?"

„Weil die Achtung nichts mit einem Hut zu tun hat, sondern in der Anerkennung Eurer Gerechtigkeit liegt und in der vorurteilslosen Freiheit Eures Urteils."

„Das Gericht", verkündet der Stadtrichter laut, „bestraft jeden von Euch mit einer Buße von achtzig Gulden wegen Mißachtung der Würde dieses Gerichtshofes."

„Die Herren des Gerichts", wendet sich Penn an die Geschworenen, „werden beobachtet haben, daß unsere Hüte ..."

Hier unterbricht ihn das Johlen der Zuschauer, die sich auf den rückwärtigen Bänken drängen und sich benehmen, als seien sie zu einem Boxkampf oder Hahnenkampf hergekommen.

Die Aussagen der Zeugen widersprechen einander. So kann nicht klargestellt werden, ob Mead oder Penn gepredigt hat, ob Mead überhaupt dabeigewesen ist und was der eine oder der andere gesagt hat. Ein Zeuge, den man willkürlich aus der Menge herausgegriffen hat, schwört auf die Heilige Schrift, Penn in der Grace-Church-Street überhaupt nicht gesehen zu haben. In das Pfeifkonzert und Grölen der Zuschauermenge hinein ruft Penn:

„Ich beantrage, daß wir zur Sache kommen und daß hier im Gerichtssaal Ruhe geschaffen wird."

Nun macht Penn seine Aussage, kurz und knapp: Daß er es für seine unveräußerliche Pflicht hält, sich mit den Freunden zu treffen, um zu beten, zu predigen und Gott zu dienen, und daß keine Macht der Welt ihn davon abbringen kann, Gott, den Schöpfer, zu verehren.

„Ihr seid nicht hier, um uns eine Predigt zu halten", unterbricht ihn einer der Grafschaftsrichter, „sondern weil Ihr gegen das Gesetz verstoßen habt."

Penn: „Gegen welches Gesetz?"

Stadtrichter: „Gegen das in England gültige Gesetz."

Penn: „Was ist das für ein Gesetz?"

Stadtrichter: „Seit Jahrhunderten richten wir nach diesem Gesetz. Bin ich dazu da, Eure törichten Fragen zu beantworten?"

Penn: „Du drückst dich also um die Antwort. Du willst mir nicht sagen, was das übliche Gesetz ist. Also kann ich auch nicht zu der Anklage Stellung nehmen, wenn sie keine andere Begründung hat als ein Gesetz, das mir keiner erklären will."

Stadtrichter: „Euer Benehmen ist unerträglich. Äußert Euch zu der Anklage. Ich sage es zum letzten Mal."

Darauf Penn:

„Ich soll hier zu Gesetz und Recht Stellung nehmen. Meine Freiheit, die mein Leben bedeutet, steht auf dem Spiel. Wenn Du mir nicht sagst, auf welches Gesetz, welchen Erlaß des Königs oder welchen Rechtsgrund überhaupt sich die Anklage bezieht, dann muß ich annehmen, daß dieser ganze Prozeß vollkommen willkürlich geführt wird. Ich jedenfalls stütze mich auf die Magna Charta. Wenn Ihr mir dieses Recht versagt, auf das ich als freier Engländer Anspruch habe, so werde ich es in die ganze Welt hinausschreien, daß die Vorrechte eines Engländers hier Euern dunklen und willkürlichen Machenschaften geopfert werden."

Außer sich vor Zorn schreit der Stadtrichter:

„Weg mit dem Kerl!"

Und auch der Lord Mayor:

„Weg mit ihm! Sperrt ihn ins Bale-Dock!"

Fünf Soldaten packen Penn und zerren ihn zu dem engen runden Holzkäfig in einer Ecke des Gerichtsraumes.

„Ich werde nicht schweigen", wehrt sich Penn, „ich werde nicht schweigen! Tausende, Zehntausende werden von Euerm Unrecht hören!"

Seine Stimme geht unter in dem Lärm der Zuschauer und erstirbt schließlich ganz, nachdem er in dem Holzverschlag verschwunden ist.

Nun, als endlich Ruhe herrscht, wendet sich der Stadtrichter an die Geschworenen:

„Ihr habt gehört, worauf die Anklage lautet. Nämlich, daß dieser William Penn zum Volk in ungesetzlicher Weise gepredigt und dadurch einen Aufruhr erregt hat. Ihr habt gehört, daß drei oder vier Zeugen das bewiesen haben und daß dieser Mr. Mead nichts gegen die Predigt und den Tumult unternommen hat. Damit sind wir am Kern der Sache."

In diesem Augenblick schreit Penn durch die Latten seines Gefängnisses: „Ich appelliere an die Geschworenen, daß weder sie noch der Richter diesen Fall abhandeln können, ohne die Gefangenen gehört zu haben."

„Oh", vermerkt der Stadtrichter höhnisch, „seid Ihr noch da? Ihr versteht doch hoffentlich alles, was hier verhandelt wird!"

Da übermannt Penn der Zorn. Mit aller Kraft zieht er sich an der hölzernen Wand hoch, so daß alle seinen hochroten Kopf sehen können.

„Geschworene, ich bin nicht gehört worden! Ich fordere mein Recht! Ich bin nicht gehört worden!"

„Zieht ihn da runter!" befiehlt der Richter. „Weg mit ihm!"

Da hebt auch Mead zornig seine Hände und brüllt in den Saal:

„Geht man so mit den Rechten eines Menschen um? Sollen die Geschworenen ohne uns ihr Urteil abgeben? Wir wollen gehört werden! Hier herrschen nichts als Willkür, Barbarei, Despotie, Gesetzlosigkeit!"

„Weg ins Loch mit den Kerlen!" schreit der Stadtrichter.

Die Gerichtsdiener und Soldaten bringen die beiden heftig Protestierenden in den Keller; ein stinkendes Loch, in dem sie auf die Entscheidung der Geschworenen warten müssen.

II

Die Geschworenen, mit dem redlichen Edward Bushel als Vorsitzendem, beraten länger als zwei Stunden. Ungeduldig lassen der Lord Mayor und der Stadtrichter anfragen, warum sie so lange auf die Entscheidung warten müssen. Der Fall sei doch klar. Es wird mitgeteilt, daß es eine erste Entscheidung mit acht gegen vier Stimmen gegeben habe. Eine weitere Stunde vergeht. Dann endlich kann das Gericht die Gefangenen vorführen lassen.

Der Richter beginnt feierlich.

„Ihr Herren Geschworenen, was ist Euer Spruch? Ist William Penn schuldig der Sache, deretwegen er hier angeklagt steht, oder nicht schuldig?"

Bushel antwortet: „Schuldig, in der Grace-Church-Street gesprochen zu haben."

„Was soll das?" empört sich der Lord Mayor. „Euer Spruch muß lauten: ... ungesetzlich gepredigt und einen Aufruhr angezettelt zu haben. Das ist's, dessen er schuldig ist!"

„Lords", beharrt Bushel, „ich habe meinen Auftrag ausgeführt: Schuldig, gesprochen zu haben! Das ist unser Spruch. Nun richtet danach!"

„Halt! Das ist lächerlich, das ist kein Schuldspruch", wehrt der Richter ab. „Dieser Penn ist schuldig, gegen das Gesetz durch aufrührerisches Predigen verstoßen zu haben, und dieser Mead ist schuldig, ihm darin Beihilfe geleistet zu haben. Ihr habt die Zeugen gehört ..."

Die Geschworenen erwidern: „Wir haben unseren Spruch getan."

„Nichts da!" verfügt der Lord Mayor. „Ich gebe Befehl, daß sich die Geschworenen noch einmal zurückziehen."

Und zu dem Vorsitzenden mit gedämpfter Stimme: „Mr. Bushel, ich kenne Euch nun vierzehn Jahre. Ihr seid ein rechtlicher Mann. Bedenkt die Sache noch einmal! Hier geht es um die Ordnung im Lande, um die Kirche, um das Gesetz des Königs!"

Wieder beraten die Geschworenen eine halbe Stunde. Während der Gespräche sagt Bushel: „Der junge Mann muß sein Recht bekommen. Die Magna Charta ist in der Tat kein bloßes Papier, sondern der Eckstein der englischen Freiheit. Penn ist zwar ein Quäker, aber er hat kein Unrecht getan."

Die Hoffnung der Richter, der Urteilsspruch der Geschworenen möge nach der nochmaligen Beratung so ausfallen, wie sie, die Richter, es sich wünschen, schwindet mit jedem Wort, das Bushel nun vorliest:

„Wir, die endesunterzeichneten Geschworenen, befinden, daß William Penn schuldig ist, in der Grace-Church-Street am 14. August 1670 zu einer Versammlung gesprochen zu haben, und daß William Mead nicht schuldig im Sinne der Anklage ist."

„Muß heißen: zu einer *ungesetzlichen* Versammlung!" schreit der Lord Mayor wütend.

„Und einen Aufruhr angezettelt!" setzt der Stadtrichter hinzu.

„Meine Lordschaften", entgegnet Bushel ungerührt, „wir haben nach unserem Gewissen geurteilt."

Der Stadtrichter erhebt sich und verkündet mit erregter Stimme: „Gentlemen, Geschworene! Ihr werdet nach diesem Spruch nicht entlassen werden. Wir wollen einen Spruch, den der Gerichtshof annehmen kann." Gewichtig und mit zornigem Ernst verkündet er anschließend:

„Ich verfüge, daß die Herren Geschworenen in ihr Beratungszimmer eingeschlossen werden – ohne Essen, ohne Trinken und ohne Tabak! Glaubt nicht, daß Ihr mit diesem Gericht umspringen könnt, wie Ihr wollt. Wir werden einen soliden Urteilsspruch bekommen, mit Gottes Hilfe, oder Ihr werdet an Euerm Spruch zugrunde gehen!"

Die Geschworenen beraten die ganze Nacht, überdenken noch einmal und noch einmal die Aussagen der Zeugen und die Anklageschrift, fragen sich, was für ein Mensch dieser junge Penn wohl sei, dessen Vater immerhin der Admiral ist und der sich nun mit einem Leineweber vor Gericht zu verantworten hat. Sie sprechen in der langen Nacht auch über die Konventikelakte und darüber, ob sie in diesem Falle anzuwenden sei, über die Magna Charta aus dem Jahre 1215, in der die überlieferten Rechte aller freien Engländer festgeschrieben und für alle Zeiten anerkannt wurden.

Irgendwann in der Nacht, als die Männer müde und fröstelnd noch immer in dem nur matt beleuchteten Raum sitzen, brummt Edward Bushel: „Hat nicht dieser junge Mann zu uns gesagt: Ihr seid Engländer!? Ja, so hat er gesagt: Laßt Euch Eure Rechte nicht nehmen!"

„Das ist gut gesagt", meint einer.

„Das mußte gesagt werden!" ein anderer.

„Danach muß gehandelt werden", ein dritter.

Gegen sieben Uhr morgens wird die Tür aufgeschlossen. Die zwölf Männer setzen sich im Gerichtssaal auf ihre Plätze. Trübes Morgenlicht, abgestandene Luft im Raum, bedrückende Stille.

Bushel bittet den Richter, ihm das Papier auszuhändigen, auf das sie gestern ihren Spruch geschrieben haben. Er zerreißt es und sagt: „Dieser Spruch war nicht gut!"

Die Mienen des Lord Mayors und des Stadtrichters hellen sich auf.

„Na also", bemerkt der Richter munter. „Was sagt Ihr heute, Mr. Bushel? Ist William Penn schuldig, zu einer ungesetzlichen Versammlung gesprochen zu haben?"

Bushel zieht ein neues Papier hervor, reicht es dem Richter und sagt: „Nicht schuldig!"

Die Richter und Ratsherren erstarren. Im Saal eine tiefe, unheimliche Stille. Nicht schuldig! Nicht einmal mehr schuldig, zu einer Versammlung geredet zu haben!

Da bricht Penns junge, frohe Stimme in die finstere Lautlosigkeit: „Ich fordere meine Freiheit! Die Geschworenen haben mich freigesprochen!"

„Nichts davon!" schreit der Mayor wütend. „Nichts davon! Ihr scheint vergessen zu haben, daß Ihr zu einer Geldstrafe verurteilt seid. Ihr seid schuldig, das Gericht beleidigt zu haben. Ab mit ihm nach Newgate!"

Dagegen gibt es kein rechtliches Mittel. Kein Protest hilft.

Die Geschworenen selbst trifft der Zorn der Richter. Sie wollen beim König durchsetzen, daß Edward Bushel und die Jury für ihren Freispruch bestraft werden. Das allerdings gelingt nicht. Aber ein langer Prozeß ist nötig, um gesetzlich festzulegen, daß keine Jury wegen eines Urteilsspruches zur Rechenschaft gezogen werden darf.

Newgate!

Das Gefängnis von Newgate – der Inbegriff von Schmutz und Fäulnis, Krankheit und Prostitution, Trunkenheit und Hoffnungslosigkeit. Ein Gefängnis, vollgepfropft mit Gewaltverbrechern wie mit kleinen Dieben, mit Schuldgefangenen, Dirnen, mit Quäkern und politisch Unliebsamen. Hier geht jeder an Leib und Seele zugrunde!

Mein Gott, denkt Penn voller Schrecken. Newgate!

Er zittert, als er unter den dicken Eisenspitzen des aufgezogenen Tores hindurch in die Hölle eintritt. Der Gestank, der Lärm in dem großen, runden Saal rauben ihm den Atem. An einem dicken, eichenen Pfosten in der Mitte des Raumes sind Hängematten über drei Stockwerke hin zur Steinwand angebracht. Sie lassen kaum Platz, um zu der Treppe zu gelangen, die nach oben führt. Die Kranken und Sterbenden, die nicht mehr mit eigener Kraft in ihre Hängematten klettern können, liegen auf Strohsäcken auf dem Fußboden.

Im oberen Stockwerk des Hauses können sich die Gefangenen tagsüber aufhalten. Da gibt es einen breiten Flur, eine Kapelle und einige kleinere Räume. Freilich: Man muß die Wärter bestechen, um in einem solchen Raum bleiben zu dürfen. Überhaupt muß man für alles zahlen: für einen Krug Bier, für eine Decke, für alles!

In der Nacht aber – so lautet der strikte Befehl – haben sich alle Gefangenen in dem großen runden Schlafsaal aufzuhalten. Mehrere hundert Männer mit ihrem Schnarchen, Grunzen, Stöhnen, Furzen, Rülpsen.

In der ersten Nacht liegt William still in seiner Hängematte. Er spricht sich immer neuen Mut zu, auch hier einzig und allein „dem Lichte des Herrn“ zu folgen.

Schnell macht er sich in den nächsten Tagen mit den vielen Quäkern bekannt, die wie er in Newgate eingesperrt sind. Er hilft den Kranken, wacht bei den Sterbenden; redet zu den spottenden Nicht-Quäkern und hält die Wilden, Ungezügelten mit zornigem Blick und Wort im Zaum. Ohne auch nur einen Penny an die schmierigen Wärter zu zahlen, findet er in den mehr als sechs Monaten seiner Gefangenschaft Zeit, drei umfangreiche Schriften zu verfassen. Die wichtigste trägt den Titel „Der große Prozeß über die Gewissensfreiheit“, und er widmet sie „Der obersten Regierungsgewalt in England“. Unterschrieben ist sie „Von einem Gefangenen um des Gewissens willen W.P.“.

Unter Freiheit des Gewissens, so heißt es in dieser Schrift, verstehe er – William Penn – nicht nur die Freiheit des Geistes, diese oder jene Meinung anzunehmen oder abzulehnen; gemeint sei vielmehr die Freiheit, Stunde um Stunde seines Lebens in einer Art sichtbaren Gottesdienstes zu leben und die Güte Gottes frei und ungehindert auszuüben.

Während seiner gesamten Gefangenschaft aber fürchtet William vor allem eines: Sein Vater – dessen Gesundheitszustand sich mehr und mehr verschlechtert – könnte ihm die Entlassung aus Newgate mit Geld erkaufen. Er bittet ihn deshalb in einem Brief, den Willen Gottes nicht durch einen solchen Handel zu durchkreuzen. Doch Sir William spürt, daß er sterben muß, und hat nur noch den einen Wunsch: in seiner letzten Stunde William bei sich zu sehen.

„Sohn William“, schreibt er ihm, „es ist gut, daß Du Dein Gewissen als höchste Macht anerkennst. Doch sieh, ich bin müde und diese Welt leid. Ich würde selbst dann nicht noch einmal leben wollen, wenn ich das entscheiden könnte. Aber ich will Dich in diesen Tagen bei mir haben.“

Nachdem William die Kälte des Januar ebenso wie die grausame Hitze des Sommers, das Zusammengepferchtsein mit Hunderten kranker und gewalttätiger, böser und guter, geduldiger und lärmender Menschen ertragen, ja erlitten hatte, öffnete ihm das Lösegeld des sterbenden Vaters das Tor zur Freiheit.

Die letzten Worte des Admirals an seinen Sohn lauten:

„Sohn William, wenn Du und Deine Freunde an Eurer ehrlichen Art zu predigen und zu leben festhaltet, wird es vielleicht einmal besser auf dieser Welt zugehen. Ich bete zu Gott, daß er Dich segne."

12

William Penn und Gulielma Springett heiraten.

Seite an Seite sitzen Braut und Bräutigam im Kreise der Gemeinde. Keine Glocken läuten, kein Ring wird feierlich gewechselt, keine Blumen, kein Hochzeitskleid. Das Schweigen der Gemeinde wird langsam zu tiefer Andacht. Dann, als das Paar glaubt, daß nun jeder im Raum genug über die bevorstehende Verbindung nachgedacht und in seinem Innern geredet hat, erheben sich die beiden und versprechen sich Liebe und Treue für ihr gemeinsames Leben. Sie setzen sich wieder und treten zurück in das Schweigen und stille Beten der Versammlung.

Doch die Wirrnisse der Welt lassen dem jungen Paar, lassen dem ungestümen jungen Ehemann kaum Zeit zum Atemholen.

England erklärt dem mächtigen Holland den Krieg. Karl II., wohl einsehend, daß nun Friede im Innern unerläßlich ist, gewährt in einem Edikt allen außerhalb der Staatskirche stehenden Religionsgemeinschaften die ihnen so lange verwehrte Freiheit: den Katholiken, Quäkern, Baptisten und anderen „Sektierern". Was das Parlament, das zu diesem Edikt nicht befragt worden war, allerdings nicht daran hindert, den königlichen Erlaß rückgängig zu machen – kaum daß der König die Bewilligung neuer Kriegsgelder durch das Parlament braucht. Ja, es verschärft die Maßnahmen gegen die „Sektierer" in einem solchen Maße, daß auch den Quäkern auferlegt wird, den Treueid zu leisten, obgleich die Mitglieder des Parlaments natürlich wußten, daß die Quäker grundsätzlich jeden Eid auf Grund des Wortes Jesu in der Bergpredigt ablehnten. Sie suchten lediglich nach einer Handhabe, um gegen die verhaßten „Zitterer" vorgehen zu können. George Fox wurde – wieder einmal – wegen der Ablehnung des Eides ins Gefängnis geworfen.

Aus den englischen Kolonien in der neuen Welt kam die bestürzende Nachricht, daß die Kirche von England dort alle anderen Bekenntnisse rücksichtslos verfolge und daß die Quäker, aber auch die Baptisten ihre begehrtesten Opfer seien.

Zwei Quäkerfrauen etwa waren in Boston vom Schiff weg verhaftet worden, ihre Gebetbücher wurden öffentlich verbrannt, sie selbst unter der Anklage, Hexen zu sein, im Gefängnis schlimmen Hungertorturen ausgesetzt, ausgepeitscht und schließlich auf ein Schiff verfrachtet, das nach Europa zurückfuhr.

Solche und hundert mehr solcher Nachrichten erreichten William Penn, wenn er im Lande umherreiste – nach Worcester, um eine Möglichkeit zu finden, George Fox irgendwie helfen zu können; nach York, um einem armen Quäkerschuster, dem man das Handwerkszeug auf Gerichtsbeschluß beschlagnahmt hatte, zu seinem Recht zu verhelfen; nach Leicester, um einen hochgestellten Bekannten der Familie Penn zur Fürsprache bei einem Bürgermeister zugunsten eines kranken Freundes zu bewegen.

In den wenigen freien Stunden – meist in der Nacht – schrieb er an den König und an beide Häuser des Parlaments „Den fortgesetzten Schrei der Bedrängten nach Gerechtigkeit", eine Schrift, in der die Namen der Bedrängten genannt wurden, in der auch Einzelheiten über willkürliche Einkerkerungen, Entzug des Eigentums, über hohe, unerträgliche Geldstrafen und schwere Folterungen berichtet wurden.

Unter dem Eindruck, daß die Lage der Quäker in England immer schwieriger, ja fast aussichtslos wurde, auch angeregt durch Erzählungen aus dem neuen Erdteil im Westen der Welt und schließlich nach einem Gespräch mit George Fox im Gefängnis, wo und wie denn auf dieser Welt noch Hoffnung für die Quäker zu finden sei, richtete William Penn seine Gedanken immer stärker auf das Land jenseits des Ozeans. Dort schien Raum genug zu sein, um dem Quäkervolk eine friedvolle Heimat zu schaffen. Mit der ihm eigenen hinreißenden Kraft, die an der Begeisterung für die Sache wuchs, ging er ans Werk, erforschte die Verhältnisse in Neu-England und erkundete die Lebensbedingungen in der Neuen Welt.

Karl II. wußte wohl, was er tat, wenn er seinen Großen – etwa dem Herzog von York oder Lord Baltimore – Ländereien in Amerika zusprach. Hoffte er doch auf diese Weise eben diesen Teil der Welt für England zu erhalten. Daß er allerdings einem Quäker Land überlassen würde, war kaum zu erwarten. Doch William Penn erinnerte Karl an die 16 000 Pfund, die der König von dem Admiral, Williams Vater, erhalten hatte und die seinem Erben eines Tages zurückgezahlt werden mußten. Er betonte dabei, daß er sich stets treu zur Krone gehalten habe, auch wenn er da oder dort mit der Meinung des Königs nicht einverstanden gewesen sei, und machte Karl und dem Staatsrat den Vorschlag, ihm für die 16 000 Pfund ein bestimmtes Gebiet in der Neuen Welt zu überlassen. Damit wären dann diese Schulden getilgt.

Karl und seine Berater mögen, als sie auf dieses Angebot eingingen, insgeheim frohlockt haben, auf diese harmlose Weise den auf die Dauer mehr als unbequemen Quäkerkavalier loszuwerden. Dort drüben, 3000 Meilen von England entfernt, könnte er ja dann in einem dieser wilden Gebiete mit seinen frommen und verqueren Ideen die Indianer in Unruhe versetzen.

Penn hatte sich das Stück Land erbeten, „das im Osten vom Delawarefluß begrenzt wird und sich im Westen bis Maryland erstreckt, nach Norden so weit, wie es bearbeitet werden kann" – ein Gebiet, größer als ganz Irland, bewohnt von nur etwa tausend weißen Siedlern und einer unbekannten Zahl von Indianern.

Nach langen Verhandlungen unterzeichnete der König am 4. März 1681 die Urkunde. William wurde durch sie zum Eigentümer dieses Landes, seiner Wälder und Flüsse, der Häfen von New Castle, Chester und Deal, der Erze und Edelsteine, die man schon entdeckt hatte und die man noch entdecken würde. Er war allein dem König von England verantwortlich. Als äußeres Zeichen dafür waren „zwei Biberfelle am ersten Januar jeden Jahres in unserem Schlosse Windsor abzuliefern". Gesetzgebung und Gerichtsbarkeit lagen in Penns Hand, allerdings unter der Bedingung, daß sie den Gesetzen Englands nicht widersprachen. Auch die Kirche von England sicherte sich ihr Recht in dem einen Punkt, daß ein Geistlicher dieser Kirche sein Amt in einem bestimmten Gebiet ungehindert ausüben durfte, sobald dort wenigstens zwanzig Einwohner dies wünschten.

Penn wollte seinem Land den Namen Neu-Wales geben; lag doch der Stammort seiner Familie, nämlich Penmanmoire, in Wales. Aber der Staatssekretär, der in dieser Frage zu entscheiden hatte, selbst ein Waliser, lehnte den Namen ab. Wahrscheinlich aus der Vorstellung heraus, daß ein so minderwertiges Indianergebiet nicht den „hochgeehrten, hochangesehenen" Namen seiner Heimat tragen sollte.

Daraufhin schlug Penn wegen des Waldreichtums dieses Landes den Namen „Sylvania" vor, abgeleitet von dem lateinischen Wort „silva" = der Wald. Der König, wohl in wehmütig-dankbarer Erinnerung an seinen verstorbenen Admiral, schaltete den Namen „Penn" vor das „Sylvania". Davon ließ er sich auch nicht abbringen, als Penn in einer persönlichen Unterhaltung das schlichtere „Sylvania" durchsetzen wollte.

Nie vorher in seinem Leben hat William Penn mehr gearbeitet als in diesen Jahren, in denen sein „heiliges Experiment" Gestalt annahm, nie auch strömte die Fülle seiner Gedanken gewaltiger und klarer als in dieser Zeit.

„Das Land liegt der Sonne 600 Meilen näher als England", schrieb er in einem Traktat über „Die Provinz Pennsylvanien in Amerika".

13

Während dieser Monate arbeitete Penn vor allem mit zwei Männern zusammen, die in besonderem Maße geeignet waren, ihn bei dem Entwurf einer Verfassung für Pennsylvanien zu beraten.

Der eine war Algernon Sydney, der Sohn des Grafen von Leicester. Ein ruhiger, klarer Kopf, der unter Cromwell in diplomatischen Diensten gestanden hatte und der, als Karl II. den Thron bestieg, zunächst in Holland im Exil geblieben war, um dann doch nach England zurückzukehren. Er war Republikaner – unbeirrt und zielstrebig. Später mußte er für seine Überzeugung bitter bezahlen.

Ganz anders Benjamin Furly, den Penn auf seinen Reisen kennengelernt hatte. Er war ein wohlhabender englischer Kaufmann, der meist in Rotterdam lebte. Ein Mann mit Neigungen zur Gelehrsamkeit, der Theologie, der Schriftstellerei – so hatte er Penns Hauptschriften ins Holländische übersetzt. In seinem Hause, das über eine Bibliothek mit mehr als 4000 Bänden verfügte, versammelten sich nicht nur die führenden Männer der Quäker, sondern auch namhafte und bedeutende Gelehrte dieser Zeit. Neben Penn und Sydney zum Beispiel der Philosoph John Locke.

Ungeachtet seiner Wohlhabenheit kleidet sich Furly bescheiden, fast ärmlich. Er trägt ein schwarzes Samtband um den Kopf, um sein langes Haar zurückzuhalten. Dadurch treten seine knochigen, scharfen Züge noch markanter hervor.

„Wie wär's", meint Algernon Sydney lachend, „wenn wir dich, Penn, zum Kaiser von Pennsylvanien machten? William der Erste klingt doch gut!"

Penn erwidert mit lustigem Blinzeln: „Ein kluger Mann namens Algernon Sydney hat einmal gesagt, daß weder der Mensch noch das Tier eine natürliche Neigung zur Monarchie hegt. Doch im Ernst, meine Freunde! Es gilt, die Demokratie in eine greifbare, für jeden Menschen brauchbare Form zu gießen, und zwar so, daß der Wille eines einzelnen Menschen niemals das Glück des Landes beeinträchtigen kann."

Benjamin Furly rümpft mißbilligend die Nase.

„Das klingt, als könne nicht auch der Wille vieler Menschen das Glück eines Landes beeinträchtigen. Doch ein kluger einzelner ist wohl jedem von uns angenehmer als zweihundert Dummköpfe."

„Wüßte ich nicht", mischt sich Sydney ins Gespräch, „daß deine Meinung anders ist als deine Worte, so würde ich dich stehenden Fußes zum Ministerlakaien des Sonnenkönigs da in Paris machen. Ein gewähltes Parlament besteht niemals aus zweihundert Dummköpfen. Das weißt du ganz genau. Aber unter fünf Königen ist im besten Falle ein einziger Weiser zu finden."

„Ich stimme zu!" sagt Furly lachend. „Die allgemeine politische Form Pennsylvaniens soll die Demokratie sein."

„Mit geheimer Abstimmung, mit freien Wahlen, mit der Wählbarkeit aller erwachsenen Männer ohne Rücksicht auf ihren Stand ..."

Sydney unterbricht Penns Redefluß.

„Das ist doch Utopie! Du darfst nicht den zweiten Schritt vor dem ersten tun. Vergiß nicht, daß die zukünftigen Einwohner deines Staates an die Monarchie und nicht an die Freiheit gewöhnt sind."

Aber William Penn schüttelt energisch den Kopf.

„Wir dürfen nicht mit Halbheiten beginnen!"

Dann schlägt er mit der flachen Hand auf ein Bündel Papiere.

„Das ist inzwischen der achtzehnte Entwurf einer Verfassung für Pennsylvanien. Ich will zu Ende kommen."

Benjamin Furly beruhigt ihn: „Gehen wir die wichtigsten Punkte noch einmal durch! Wir sind uns einig über die Reform des Gefängniswesens. Deine Forderung, daß Gefängnisse Arbeitsstätten sein müssen, ist gut. Wir sind uns weiter darüber einig, daß – wie unser Text nun lautet – niemand seiner religiösen Überzeugung wegen belästigt oder benachteiligt oder gezwungen werden darf, an irgendeinem Gottesdienst teilzunehmen. Auch gut, nicht wahr? Der nächste Artikel: die Todesstrafe. Ich habe Bedenken, sie völlig abzuschaffen. Wie denkst du darüber, Algernon?"

„Ich wollte ganz im Sinne Williams vorschlagen, die Todesstrafe für Diebstahl, Ehebruch, Brandstiftung und so weiter aufzuheben und sie allein für Mord und Hochverrat bestehen zu lassen."

„Aber selbst da", wirft Penn ein, „können Gründe vorliegen, die eine Todesstrafe nicht rechtfertigen. Und – unvorstellbar für mich! – soll ich als Gouverneur des Landes ein Todesurteil unterschreiben?"

Darauf Furly: „Du willst eine Demokratie aufbauen. Und das bedeutet, die Gewalt, auch die höchste richterliche, geht vom Volke aus. Mord und Hochverrat aber sind Verbrechen, die der Gesellschaft schaden, das Volk also unmittelbar zerstören."

„Und doch", sagt Penn nach einer Weile des Schweigens langsam, „ist nicht jeder Mörder ein Mensch? Und in jedem Menschen – das wißt ihr so gut wie ich – kann das Licht Gottes aufleuchten."

„Kann ..., kann ...", murmelt Furly.

„Deine Verfassung", meldet sich nun Sydney zu Wort, „darf sich nicht zu weit von der entfernen, die für England gilt. Denke noch einmal darüber nach, William. Auch im nächsten Punkt springst du wieder so weit, daß dir keiner nachkommen kann. Du schreibst: Obwohl die Sklaven schwarz sind, haben die Weißen kein Recht, sie zu Sklaven zu machen. In Pennsylvanien besteht die Freiheit des Gewissens, darum muß es auch eine Freiheit des Körpers geben. William, meinst du wirklich, daß alle Sklaven frei sein sollen? Sollen sie etwa auch wählen dürfen?"

„Ja, das meine ich."

„Du bist ein Narr", ruft Furly aufgeregt. „Du bist der schlechteste Menschenkenner, der mir je begegnet ist. Was, meinst du, werden deine befreiten Sklaven tun? Mein Freund, sie werden dir die Füße küssen, und wenn sie merken, daß du sie nicht trittst, werden sie dich treten."

„Dennoch – ich glaube an die natürliche Güte des Menschen", erwidert Penn laut und nachdrücklich. „In einem Quäkerstaat wird man mit Menschen nicht verfahren wie mit Vieh! Wenn die Sklavenhalter das Recht beanspruchen, die Schwarzen in Knechtschaft zu halten, so wäre es das gute Recht der Sklaven, sich aus dieser Knechtschaft gewaltsam zu befreien."

Sydney, immer zu einem brauchbaren Kompromiß bereit, versucht einzulenken.

„Man sollte im Gesetz verankern, daß die Sklaverei stufenweise abgeschafft wird. Etwa so, daß nach zwei Generationen alle schwarzen Einwohner Pennsylvaniens frei sein sollen. So gewöhnt man diese Menschen in einem langsamen Prozeß an die Freiheit und an die Demokratie."

„An die freilich auch die Weißen erst noch gewöhnt werden müssen", meint Furly mit bitterem Lächeln.

„Noch schwieriger scheint mir die Frage zu sein", wirft Sydney nun ein, „welche Stellung der neue Staat den Indianern gegenüber einnehmen soll."

„Aber, lieber Freund", ruft Penn fast ärgerlich, „wo siehst du nur überall Schwierigkeiten! Wie hat sich denn Jesus von Nazareth seinen Mitmenschen gegenüber verhalten? Das allein ist für uns ausschlaggebend. Den Indianern gehört das Land. Also werden wir mit ihnen verhandeln. Wir werden ihnen abkaufen, was sie uns geben wollen, und ..."

Furly unterbricht ihn spöttisch: „Und da wird es keinerlei Streitigkeiten zwischen Weißen und Indianern geben, wie?"

„Man wird ein Schiedsgericht einsetzen", versetzt Penn entschlossen. „Das habe ich mir längst überlegt. Ein Gericht, das aus sechs Indianern und sechs weißen Siedlern besteht. Es hätte alle Vollmacht, Zwistigkeiten gerecht und gut aus der Welt zu schaffen."

Benjamin Furly steht auf, nimmt einen Leuchter in die Hand und geht damit suchend an der Bücherwand auf und ab, bis er schließlich einen staubigen Folianten herauszieht. Er blättert kurz darin und liest dann laut vor:

„Ein gutes Gesetz zwingt die Bösen zum Guten. Schreibet das Gesetz so, daß keine Lücke bleibt, durch die der böse Gedanke entwischen kann. Schafft einen Zaun von Gesetzen um das gute Gesetz und auch noch einen Zaun von Geboten um die Gesetze."

Eindringlich blickt er über das Buch hinweg auf Penn und Sydney.

„Diese alte jüdische Weisheit", sagt er, „gilt noch immer, nicht wahr? Was heißt denn schließlich ‚Schiedsgericht'? Was heißt denn ‚alle Vollmacht'? Die Verfassung von Pennsylvanien muß ein engmaschiges Netz aus klaren Verordnungen sein. Sonst sind alle unsere Hoffnungen in kürzester Zeit nichts als träumerische Utopien und damit zum Scheitern verurteilt."

Penn spürt, wie hier ein entscheidender Punkt nicht nur der Verfassung, sondern seiner Regierungsform überhaupt berührt wird. Erregt ruft er:

„Nein, Furly, nein! Du fesselst das Volk, statt es zu befreien. Verfassungen sind Kleider, keine Zwangsjacken. Kleider müssen passen, wärmen und bequem sein. Laßt uns ein gutes, weites Kleid schneidern. Natürlich weiß auch ich, daß selbst das beste Gesetz in den Händen von Bösewichtern zum Bösen umgebogen werden kann. Umgekehrt kann das fadenscheinigste Gesetz in den Händen rechtschaffener Menschen Segen wirken. Sind die Menschen gut, können Verfassung, Gesetze und Regierung nicht schlecht sein. Wir wollen uns also mehr um die Menschen kümmern als um geschriebene Worte."

Er atmet tief aus, um seiner Erregung Herr zu werden, und schließt dann in ruhigem Ton ab: „Ich muß hier an die Sabbatgesetze der Juden denken. Jesus von Nazareth hat gesagt: Diese Gesetze sind um der Menschen willen gemacht und nicht umgekehrt. Und der Mensch ist nicht um des Sabbats, um der Verfassung willen geschaffen worden, nicht wahr?"

Algernon Sydney antwortet schnell, weil ihm noch eine andere Frage auf der Seele brennt. Außerdem will er verhindern, daß Furly, der schon wieder an der Bücherwand herumsucht, mit irgendeinem alten Zitat die drängende Arbeit noch einmal hinauszögert.

„Also, nun haben wir einen Staat gezimmert ohne Staatsreligion, fast ohne Todesstrafe, ohne den Eid, ohne die Überlegenheit einer Rasse, mit allgemeinem Stimmrecht, mit erzieherischen Strafeinrichtungen – gut alles! Aber nun frage ich: Ohne eine Armee? Halt, William, antworte nicht zu schnell. Bedenke, daß ein Staat Nachbarn hat und daß deine private Moral nicht einfach zur Grundlage eines Staatswesens gemacht werden kann."

„Private Moral?" fragt Penn erstaunt. „Nennst du, Algernon Sydney, private Moral, wenn ich behaupte, daß Gott in jedem Menschen gegenwärtig ist? Erniedrige doch die Gegenwart Gottes in mir nicht zur privaten Moral! Als sei Gott nur für den persönlichen Bereich des Menschen zuständig, nicht aber für das gesamte Leben, für die Politik, die Wirtschaft, ja eben für das ganze Zusammenleben der Völker ...! Bitte, laß mich ausreden! Wir wollen doch zeigen, daß ein Staat ohne Krieg bestehen kann, allein durch seine geistliche Kraft, durch den Frieden, den jeder einzelne lebt und an andere weitergibt. Nein ...", und Penns Stimme wird streng und hart, wie es die Freunde von ihm nicht gewöhnt sind, „... es wird keine Soldaten, keine Gewehre, keine Kanonen in Pennsylvanien geben! Ihr wißt es selbst, daß uns Christus niemals dazu auffordern würde, Waffen zu ergreifen – nicht für unseren Staat und schon gar nicht für das Reich Gottes."

Benjamin Furly wagt noch einen Einwand: „Aber die Realität der Welt wird über einen solchen Staat ..."

„Gibt es etwas Realeres", ruft Penn dazwischen, „gibt es etwas Realeres als das Wort des Mannes von Nazareth? Die einzige Realpolitik ist der Friede. Ich vertraue Gott mehr als den Waffen, weil ich Gott für eine Realität halte, nein, für die Realität überhaupt!"

Schweigen. Langes Schweigen.

„Entschuldigt, meine Freunde", sagt Penn nach einer Weile, „ich war sehr laut."

Darauf Benjamin Furly: „Der Donner ist ein Mittel Gottes, um den Menschen seinen Zorn mitzuteilen."

Alle drei lachen.

„Können wir nun weiterarbeiten?" fragt Sydney. „Gut! Also Artikel drei der Verfassung könnte dann folgenden Wortlaut haben: Weder der Gouverneur noch der Provinzialrat haben das Recht, Krieg zu erklären, zu keiner Zeit, aus keinem Grunde oder unter irgendeinem anderen Vorwand. Auch dürfen in der Provinz Pennsylvanien keinerlei militärische Vorbereitungen getroffen werden."

Benjamin Furly fügt langsam hinzu: „Ohne die Zustimmung des Provinzialparlamentes."

„Nun ja", kommt es zögernd aus Penns Mund.

14

Zwischen dem 4. März 1681, dem Tage, an dem Karl II. die Pennsylvanienurkunde unterschrieben hatte, und dem 24. Oktober 1682, als William Penn in Amerika an Land ging, um sein Reich mit eigenen Augen zu sehen, lag eine Zeit eifrigster Tätigkeit, aber auch hochgestimmter Freude.

Einer der Freunde Penns formulierte das in dichterischem Überschwang so: „Die Brandungswellen der Hoffnung schlugen, noch bevor Penn seinen Fuß auf den Boden der Neuen Welt setzte, von England hinüber nach Pennsylvanien und warfen die großen Ideen seines Gründers in das wartende Land."

Bereits im Juni 1681 war William Markham, ein Vetter William Penns, in New York eingetroffen und weiter nach New Castle und in das fast leere Land gefahren, das nun Pennsylvanien hieß und dessen Grenzen noch weithin offen waren. Ihn hatte Penn zum stellvertretenden Gouverneur ernannt.

Eine unendliche Fülle von Aufgaben wartete auf ihn: Der Delaware- und Schuylkill-Fluß sollten ausgelotet und möglichst schnell die beste Einfahrt, der beste Landeplatz ausgemacht werden; die Grenzunstimmigkeiten mit dem im Westen anschließenden Maryland galt es zu regeln; Friedensrichter und andere Beamte mußten ernannt werden; ein vorläufiger Rat von neun Männern sollte die oberste Behörde des Landes bilden; solange, bis ein Parlament nach dem Willen des ganzen Volkes gewählt werden konnte; die Landverkäufe konnten beginnen, und um auch weniger bemittelten Quäkern Landbesitz zu verschaffen, sollten reiche Auswanderer die ärmeren als ihre Arbeiter oder Diener mit nach Amerika bringen. Nach dem Ende des Dienstverhältnisses sollte der nun freie Quäker einen Besitz von mindestens zwanzig Hektar erhalten. Niemand aber durfte eine Fläche beanspruchen, die zweitausend Hektar überstieg; auch nicht, wer sich einen solchen Besitz finanziell leisten konnte.

Die erste wichtige Amtshandlung Markhams bestand darin, den Einwohnern in einer großen Versammlung eine Erklärung des Königs vorzulesen, in der er die Bewohner Pennsylvaniens auffordert, Penn als Gouverneur und Oberhaupt anzuerkennen. Anschließend verlas Markham einen Brief Penns an die europäische Bevölkerung seiner Provinz. Darin heißt es:

„Ihr werdet nicht an die Gnade eines Gouverneurs gebunden sein, der sich ein möglichst großes Vermögen in der Neuen Welt verschaffen will. Ihr werdet von Gesetzen regiert werden, die ihr selbst beschließen sollt. Ihr sollt als ein freies, ein fleißiges und geachtetes Volk leben. Ich werde in keines Menschen Recht eingreifen oder irgend jemanden bedrängen. Fügt euch, darum bitte ich euch, solange ich nicht bei euch bin, den Anforderungen meines Stellvertreters, soweit sie mit dem Gesetz übereinstimmen."

Die nächste „Brandungswelle der Hoffnung" war ein Brief William Penns an die Indianer Pennsylvaniens. Ihnen schrieb er:

Meine Freunde!

Es gibt einen großen Gott und eine Macht, die unsere Welt und alles in ihr geschaffen hat, der Ihr und ich und alle Menschen ihr Leben und ihr Wohlergehen verdanken, der wir alle,

Ihr und ich, eines Tages Rechenschaft ablegen müssen für alles, was wir in der Welt getan haben. Dieser große Gott hat sein Gesetz in unsere Herzen geschrieben. In diesem Gesetz fordert er uns dazu auf, einander zu lieben und zu helfen.

Nun hat es diesem großen Gott gefallen, mich mit Euch in Euerm Teil der Welt zusammenzuführen. Der König des Landes, in dem ich wohne, hat mir eine große Provinz darin gegeben. Aber ich wünsche, sie mit Euerm guten Willen und Euerm Einverständnis in Besitz zu nehmen, so daß wir allezeit als Nachbarn und Freunde beieinander wohnen können. Was würde sonst der große Gott zu uns sagen, der uns doch geschaffen hat, nicht damit wir uns vernichten, sondern besonnen und freundlich miteinander in der Welt leben?

Ihr sollt wissen, daß ich mir der Unfreundlichkeit und Ungerechtigkeit voll bewußt bin, die Euch von einigen Menschen aus Europa zugefügt worden sind. Diese Leute suchen das Ihre, sie wollen sich auf Eure Kosten bereichern, statt Euch ein Beispiel für Gerechtigkeit und Güte zu sein. All das hat, wie ich höre, viel Unruhe, ja, Haß und Feindseligkeiten bei Euch hervorgerufen, hat bis zum Blutvergießen bei Euch geführt. Und all das hat den Zorn des großen Gottes hervorgerufen.

Ich aber bin anders, wie alle in meinem Lande wissen. Ich empfinde große Liebe und Hochachtung für Euch, und ich möchte Eure Liebe durch Freundlichkeit, Gerechtigkeit und ein friedfertiges Verhalten gewinnen. Die Leute, die ich voraussende, sind von meiner Art und sollen sich in jeder Hinsicht ebenso zeigen. Wenn Euch oder Euerm Volke jemand auf irgendeine Weise schadet, sollt ihr sofort Euer volles Recht erhalten, und zwar sollen rechtschaffene Männer – von jeder Seite die gleiche Zahl – darüber entscheiden.

Bald werde ich selbst zu Euch kommen. Dann können wir ausführlich und offen über alle diese Fragen sprechen. Unterdessen schicke ich meine Beauftragten, die mit Euch über den Ankauf von Land und ein festes Friedensbündnis verhandeln sollen. Ich bitte Euch, seid freundlich zu ihnen und dem Volk. Und nehmt diese Gaben, die ich Euch schicke, als Zeichen meines guten Willens und meines Entschlusses, rechtschaffen und in Frieden und Freundschaft mit Euch zu leben.

Euer sehr ergebener Freund
William Penn

Die Ungeduld Penns, sein Land als ein – wie er es nannte – „heiliges Experiment“ aufzubauen, trieb ihn zu rastloser Tätigkeit. Alles ging ihm zu langsam: die Besiedlung, die Berufung der Richter mit den dazugehörenden Gerichten, die Gründung einer Handelsgesellschaft, der Bau eines Hauses für sich und seine Familie und – sein Lieblingsplan – die Anlage einer großen modernen Stadt.

„Wir brauchen eine klargegliederte Stadt“, sagte er. „Breite Straßen soll sie haben, und alle Häuser sollen zueinander gut ausgerichtet gebaut werden. Da darf es keine dunklen Durchgänge, keine winkligen Gassen wie in London geben. Jedes Haus in dieser Stadt soll auf einem Grundstück stehen, das seine Bewohner mit Bäumen und Gemüse bepflanzen können. Es soll eine grüne Stadt auf dem Lande werden, die nicht so leicht niederbrennen kann und in der man gesund lebt und gesund bleibt.“

Penn wies seinen Bauinspektor Thomas Holme an, für diese Stadt einen Platz auszuwählen: „... hochgelegen, trocken, gesund und so, daß man mit dem Schiff dorthin kommen kann.“

Holme entschied sich für eine Stelle, an der sich der Schuylkillfluß dem Delaware auf etwa zwei Meilen nähert. Mit seinem aus dem Strom aufsteigenden Steilufer bildete das Land hier einen natürlichen Hafen, der Schaluppen und Korvetten guten Schutz bot. Zwischen dem Schuylkill und Delaware wurden die Straßen schachbrettartig abgesteckt – die Hochstraße von Fluß zu Fluß und diese von der Breiten Straße gekreuzt. Wo sich diese beiden Hauptstraßen überschnitten, blieb ein rechteckiger Platz offen, auf dem ein weiter Park angelegt werden sollte. Die Stadt, vorerst nur auf dem Papier, erstreckte sich längs der beiden schiffbaren Flüsse auf rund eine Meile, umfaßte also insgesamt etwa zwei Quadratmeilen.

Dieses Stück Land wurde von den Indianern Coaquannock genannt. Penn aber wünschte sich, kaum daß der Pennsylvanienplan gereift war, einen Namen für seine Stadt, der alle seine Hoffnungen und Wünsche deutlich zum Ausdruck bringen sollte: Er nannte sie Philadelphia!

Damit wählte er einen Namen, den es im Osten Palästinas schon einmal gegeben hatte und der wohl am besten mit „Brüderliche Liebe" wiedergegeben werden kann.

Auf den ersten Plänen Philadelphias hatte Thomas Holme die Straßen nach berühmten und bekannten Personen benannt; nach George Fox, Martin Luther, Jan Hus und anderen. Penn änderte alle diese Straßennamen. Ihm widerstrebte es, Menschen zu verherrlichen oder auch nur zu ehren – gab es doch für ihn nur Einen, dem Ehre zukam. So hießen die Straßen schließlich nur Hochstraße, Zweite oder Vierte Straße, allenfalls Walnuß- oder Fichtenstraße.

Markhams und Holmes Berichte aus Pennsylvanien übertrafen alles, was Penn erwartet hatte. Sie steigerten seine Ungeduld, nun endlich selbst in „sein" Land zu fahren, mehr und mehr; in sein Land, das eine „Provinz Gottes" werden sollte.

„Es ist ein sehr schönes Land", schrieb etwa Markham, „vollständig von Wäldern bedeckt und äußerst gesund. Die Leute werden hier älter als hundert Jahre. Für Nahrungsmittel ist überreich gesorgt. Wildbret ist besonders reichlich vorhanden und Wildgeflügel aller Art. Von Rebhühnern bin ich geradezu übersättigt; wilde Puter, Enten, Gänse und Schwäne – alles im Überfluß. Wenn einer das Leben auf dem Lande liebt, dann soll er so schnell wie möglich hierher kommen."

15

Endlich, am letzten Augusttag des Jahres 1682, steigt Penn an Bord der „Welcome" – eines Dreimasters von dreihundert Tonnen –, zusammen mit etwa hundert Auswanderern, darunter vielen Quäkern, aber auch mit Abenteurern und Landflüchtigen.

Ein jüngeres Ehepaar, Philip und Bridget Ford, hatte Penn bis nach Deal begleitet, wo die „Welcome" lag. Gulielma und andere Freunde hatten ihm bereits in Canterbury Lebewohl gesagt.

Es war nichts besonders Erstaunliches, daß Philip Ford bis zum letzten Augenblick der Abfahrt bei William blieb; war er doch seit dreizehn Jahren der unentbehrliche Helfer Penns. An den verschiedensten Stellen hatte er sich bewährt: als Sekretär, als Reisebegleiter Penns in England und Irland, als Bote und auch als Finanzberater. Immer hatte Ford alle geschäftlichen Dinge, die Penn so überaus lästig waren, für ihn erledigt: alle Rechnungen, die Geschäftskorrespondenz, alle Verträge. Es entsprach nicht Penns Art, die Briefe oder Dokumente, die Ford ihm vorlegte, lange zu prüfen. Schließlich – Ford war Quäker! Das genügte, um ihm volles Vertrauen zu schenken. Und so hatte Penn schon lange vor seiner Abreise seinem Sekretär Philip Ford eine Generalvollmacht über alle Geldgeschäfte während seiner Abwesenheit erteilt.

Etwa acht Tage vor seiner Abfahrt hatte sich Penn noch in London aufgehalten. Sein gesamtes Gepäck war bereits verladen, er selbst in hochgespannter Erregung so kurz vor einem derartigen Ereignis: an der Schwelle zu der noch unbekannten und doch schon geliebten Neuen Welt.

In diesem Augenblick legte ihm Ford eine Rechnung über fast dreitausend Pfund vor, eine Summe, die er im letzten Monat für Penn ausgelegt hatte. Immerhin seien – so Fords Begründung – beträchtliche Gelder für die Überfahrt nötig gewesen. Und noch so manche andere alte Verpflichtung habe es gegeben.

Penn erschrak über die Höhe des Betrages, hatte aber in dieser Situation weder Zeit noch Lust, sich in die einzelnen Rechnungen zu vertiefen. Auf Penns eilige Frage erklärte Ford feierlich, daß der Inhalt der Papiere wie immer in Ordnung sei. Penn unterschrieb, ohne auch nur daran zu denken, sich wenigstens eine Abschrift der Aufrechnungen geben zu lassen.

Nun – dieses eilige Zwischenspiel ging in dem Trubel der letzten Vorbereitungen und der Verabschiedungen völlig unter. Ja, Penn war hocherfreut, als Philip Ford und seine Frau Bridget sich anboten, ihm bis Deal das Geleit zu geben. Im letzten Augenblick freilich, gerade als Penn an Bord steigen wollte, baten ihn die beiden Fords noch einmal, noch zwei Schriftstücke zu unterzeichnen: eine Urkunde, die Philip Ford und seinen Erben zwölftausend Hektar Land in Pennsylvanien als förmliches Eigentum übertrug, und zwar für den Fall, daß William Penn seine Schuld von dreitausend Pfund nicht in angemessener Frist begleichen würde, sowie einen Garantieschein über die Zahlung dieser dreitausend Pfund.

Ford versicherte abermals, daß auch diese Sache eine reine Formalität sei, außerdem allgemein üblich, und Penns Unterschrift keinen anderen Sinn habe, als alle geschäftlichen Vorgänge ordnungsgemäß abzuschließen. Penn unterschrieb hastig; standen doch die Seeleute bereits in den Rahen, und die Passagiere riefen von der Reling her letzte Grüße den Zurückbleibenden zu.

Die Sorge um ein ungetrübtes, freies Leben der Quäker in England und nun auch in Pennsylvanien, Gedanken an Gulielma und die drei Kinder, die Pläne für die Verfassung Pennsylvaniens, neue Ideen für den Bau Philadelphias, für die Förderung des Handels, die gute Erziehung der Kinder in seinem Lande, andererseits die alarmierenden Berichte über das Anwachsen der Seeräuberei an der amerikanischen Küste – all dies beschäftigte Penn in einem solchen Maße, daß die ach so spitzfindigen Schriftstücke seines Sekretärs ohne tieferen Eindruck auf ihn blieben. Hinzu kamen die Beschwernisse der fast zweimonatigen Schiffsreise und das Elend der Reisenden, was ihn nicht minder forderte als seine ganz persönlichen Nöte.

Eine Pockenepidemie unter den in peinigender Enge hausenden Passagieren, die – äußerst schlecht versorgt und ohne sich waschen zu können – oft schwer unter der Seekrankheit litten, forderte einunddreißig Todesopfer. Penn, der die Pocken schon als Kind durchgemacht hatte, kümmerte sich um die Kranken und Sterbenden. Einer jungen Mutter half er bei der Geburt ihres Kindes – inmitten von Gestank, Schmutz und Düsternis des großen Schiffsraumes. Ebendort saß er auch im Kreise der Quäker und sprach ihnen Mut und Trost zu, während sich das Schiff mühsam ächzend seinen Weg bahnte.

„Gottes Licht, meine Freunde, ist heller als diese Dunkelheit. Laßt uns nach vorn schauen! In vier Tagen, so Gott will, gehen wir in Pennsylvanien an Land, und wer dorthin geht, wird nicht nur Mitglied eines freien Volkes, er wird auch Gottes Segen erfahren.

Wir siedeln doch nicht dort, weil wir Häuser und Fabriken bauen wollen, weil wir Felder anlegen und durch Handel reich werden wollen, sondern – und das ist meine feste Überzeugung – damit wir eine Gesellschaft der Rechtschaffenheit und Ordnung errichten, an der Gott seine Freude hat."

Als die „Welcome" am 27. Oktober in New Castle anlegt, stehen William Markham und Thomas Holme mit großem Gefolge an der Pier, um den Besitzer und Gouverneur des Landes zu begrüßen.

Ein Bevollmächtigter der englischen Krone überreicht Penn feierlich die Schlüssel der Stadt sowie ein Stück Erde, in das ein kleiner Zweig gepflanzt ist, dazu Wasser und Sand vom Delaware-Fluß. Die einzelnen Nationen, die bereits am Delaware siedeln – Holländer und Schweden vor allem –, sind mit Abordnungen erschienen, um dem Herrn des Landes ihre Ergebenheit zu zeigen.

Schon nach wenigen Tagen ruft Penn den „Rat der Neun", alle Friedensrichter und andere bedeutende Männer des Landes zusammen und entwirft vor ihnen feierlich, wie er sich die zukünftige Entwicklung Pennsylvaniens vorstellt.

So sollen in aller Kürze ein mit allen Vollmachten ausgestattetes Provinzialparlament und ein Provinzialrat gewählt werden, damit das Land endlich eine Regierung bekommt. Die endgültige Form der Verfassung oder – wie er jetzt sagt – des Großen Gesetzes soll so rasch wie möglich vom Parlament gefunden und genehmigt werden.

Penn selbst geht sofort auf Reisen – nach New York, New Jersey und Maryland –, um sich in den benachbarten Provinzen vorzustellen und mit allen gute Beziehungen anzuknüpfen.

16

Etwas nördlich der neuen Stadt Philadelphia befindet sich ein Platz, den die Indianer Shackamaxon nennen. Eine riesige Ulme ist sein Kennzeichen. Hierher bittet William Penn die Delaware- und Susquehanna-Indianer, um mit ihnen die vielen anstehenden Fragen zu besprechen und einen für beide Seiten annehmbaren Vertrag abzuschließen.

„Ich habe da Bedenken", sagt Thomas Holme. „Möglicherweise legen es die Indianer als Schwäche aus, daß du ihre Häuptlinge nicht in deinen Bereich einlädst, etwa nach New Castle oder Chester, sondern zu ihnen hinausgehst. Du bist doch schließlich der Gouverneur des Landes."

William Markham stimmt ihm zu:

„Es ist richtig, was Thomas zu bedenken gibt. Laß *mich* nach Shackamaxon gehen und die Indianer in aller Freundlichkeit nach Chester laden. Sachem Taminent ist zwar ein kluger Mann, aber dieses Entgegenkommen im wahrsten Sinne des Wortes könnten er und seine Häuptlinge mißverstehen – zu deinem Schaden."

„Zum Schaden des ganzen Werkes“, fügt Holme hinzu.
Doch William Penn schüttelt den Kopf.

„Eure Überlegungen sind gut, meine Freunde, aber sie sind menschlich. Wir wollen so handeln, wie Jesus in dieser Lage gehandelt hätte. Und Jesus würde sagen: Wenn ihr mit den Indianern verhandeln wollt, dann folgt dabei ihren Sitten; an einem Ort, der ihnen gehört; in der Sprache, die sie sprechen; und in derselben bedächtigen Weise, in der sie gewohnt sind, ihre Beratungen zu halten.“

Lachend steht er auf und sagt: „Stellt euch vor, ich werde ‚Delawarisch‘ mit ihnen sprechen. Ja, wirklich! Bis dahin werde ich eine einigermaßen verständliche Unterhaltung mit ihnen führen können. Die Sprache der Delawaren ist ein bißchen wie Hebräisch, eine vornehme und strenge Sprache, wenn auch mit geringem Wortschatz und wenigen Formen.“

„Hebräisch, sagst du?“ fragt Holme verwundert. „Es geht ja die Rede, die Indianer seien Nachkommen eines der zehn verlorenen Stämme Israels.“

Und Markham in seiner ruhigen, bedachtsamen Art: „Ich war erstaunt, als ich merkte, wie sehr ihr Glaube an den Großen Gott dem schlichten Glauben Abrahams nahekommt. Da ist keine Metaphysik, keine Theologie! Da ist allein ihr Gott und von ihm her eine klare Kenntnis von Gut und Böse.“

„Ach Freunde“, ruft Penn fröhlich, „hier seht ihr's: In allen Menschen kann das göttliche Licht wirken! Wir jedenfalls werden unserm Glauben gemäß handeln, der so hell und begeisternd in uns lebt. Darum, ja, darum werden wir unseren indianischen Freunden nach Shackamaxon entgegengehen und sie nicht in unsere Sitten und unsere Denkweise hineinzwängen.“

Als William Penn mit seinem Gefolge bei der Ulme eintrifft, sind dort die Delawaren und Susquehannas bereits versammelt. Sie sitzen in einem großen Halbkreis. In dessen Mitte Sachem Taminent, links und rechts von ihm die anderen Sachems und die Weisen des Volkes. Hinter ihnen, auch in einem Halbkreis, die junge Mannschaft, die zu allen Beratungen hinzugezogen wird. Der Rat der Jungen wiegt nicht minder als der eines Häuptlings.

Die hochgewachsenen Männer sind nur mit einem buntgewebten Hüfttuch und Mokassins bekleidet. Ihr rotbrauner Oberköper glänzt vom Bärenfett, das sie gegen Insekten schützt. Die Köpfe der jüngeren Männer sind bis auf einen schwarzen Haarbüschel auf dem Scheitel kahlgeschoren.

Auf dem Rasen im offenen Halbkreis liegen die Waffen und mehrere Wampums, diese kunstvoll aus Fischgräten und Muscheln gefertigten Gürtel.

Die Gruppe um William Penn, schwarz gekleidet, jeder mit einem breitkrempigen schwarzen Hut auf dem Kopf, tritt schweigend näher. Penn selbst trägt einen dunkelblauen Anzug mit einer breiten hellblauen Schärpe. Er winkt zwei Freunden. Sie legen daraufhin einige weiße Schafwolldecken auf die Erde und stellen auf die Decke drei feingeschmiedete Leuchter mit schlanken Kerzen.

Dann beginnt die Verhandlung!

Ein tiefes Erstaunen bei allen Versammelten, als Penn sie in ihrer Sprache anredet. Über die Gesichter der Alten fliegt ein Lächeln, wenn Penn seine Worte mit einer typisch indianischen Hand- oder Kopfbewegung begleitet, die er seinem delawarischen Sprachlehrer abgeguckt hat.

„Meine Leute und ich“, erklärt er langsam, „benutzen keine Gewehre und vertrauen nicht auf das Schwert. Wir treffen den roten Mann auf dem Wege des Vertrauens und der Redlichkeit. Ihr und wir sind Geschöpfe des einen Großen Gottes. Wenn wir gemeinsam tun, was er von uns fordert, kann es keinen Streit unter uns geben.“

Sachem Taminent, der einen gewaltigen Federkopfschmuck trägt, erhebt sich würdevoll und tritt auf William Penn zu. Er legt ihm einen kostbaren Wampum in die Arme und sagt:

„Sachem William, wir haben uns in kleinen Verhandlungen mit deinen Freunden davon überzeugt, daß ihr anders handelt und lebt, als wir es von so manch anderen weißen Männern erfahren haben. Ihr habt uns keine gefälschten Landkarten vorgelegt, ihr benutzt keine falschen Gewichte, ihr trinkt kein Feuerwasser und bietet es uns nicht als Tauschmittel an. Wir haben den Entwurf eines Vertrages mit euch gesehen und wollen ihn mit euch besprechen."

Die jungen Männer kommen nun aus dem Hintergrund mit Holzklötzen nach vorn, die sie in einem neuen Halbkreis so aufstellen, daß Indianer und Weiße sich in einem großen Kreise gegenübersitzen; die Delawaren und Susquehannas ihrer Sitte gemäß auf der Erde hockend, Penn und seine Leute auf Klötzen sitzend.

Die einzelnen Punkte des Großen Vertrages werden jeweils in der Sprache der Delawaren und auf Englisch verlesen. Bei jedem Abschnitt nimmt einer der Alten einen Wampum auf zum Zeichen, daß er diesen einen bestimmten Abschnitt im Gedächtnis behalten wird. Nach jedem Satz herrscht ein langes Schweigen, nur hin und wieder durch einen Vorschlag, eine bedächtige Zustimmung oder einen zweifelnden Einwurf unterbrochen.

Den einleitenden Satz liest Penn selbst in beiden Sprachen vor.

„Die Bruderschaft zwischen Indianern und Weißen hat ihren Grund darin, daß sie Kinder desselben Vaters sind."

Weiter heißt es dann:

„Jeder hat das Recht, die Wege des anderen zu benutzen.

Das Recht der Gastfreundschaft gewährt jeder dem anderen.

Jeder weigert sich, bösen Gerüchten über den anderen Glauben zu schenken.

Wenn irgendeine Gefahr droht, soll einer den anderen warnen.

Jeder lehnt es ab, dem anderen an seiner Person oder seinem Eigentum zu schaden.

Einer steht dem anderen bei.

Wenn einer gegen diese Vereinbarungen verstößt, soll ein Gericht von sechs Indianern und sechs Weißen die Sache untersuchen, und nachdem der Spruch erfolgt ist, soll das Unrecht vergessen und begraben sein wie in einem bodenlosen Abgrund.

Dieser Vertrag soll bestehen, solange Ströme und Flüsse rinnen, solange Sonne, Mond und Sterne scheinen."

Lange bleibt es still. Einmal das Rauschen des Windes, der die große Ulmenkrone bewegt, einmal der knarrende Ruf eines Fasans.

Schließlich unterbricht einer der alten Indianer die Stille: „Der friedliche Rauch unserer Lagerfeuer", sagt er feierlich, „soll sich mit dem euren verbinden. Wenn jeder von uns die Worte behält, die heute hier gesprochen worden sind, dann werden unsere Söhne und Enkel und alle zukünftigen Geschlechter in unseren Dörfern und Städten in Frieden und Freiheit leben."

17

Penn ist 38 Jahre alt, als der Große Vertrag geschlossen wird. Und mit diesem Vertrag scheint ihm der Beginn eines neuen Lebens, ja einer neuen Zeit gesetzt zu sein.

Sein „heiliges" Experiment, ein Land unter dem Anspruch Gottes zu errichten und zu regieren, hat begonnen. Das Große Gesetz – die Verfassung des neuen Landes – ist vom Parlament bestätigt worden. Einwanderer, besonders Quäker aus Irland, aus dem deutschen Rheinland und aus Holland, strömen ins Land, die Stadt Philadelphia wächst von Tag zu Tag. Der Große Vertrag mit den indianischen Freunden gilt, lebt und wirkt – und er, Penn, ist Gottes Werkzeug, um in diesem Land das Licht der Liebe und des Friedens hell und unübersehbar auszubreiten!

Jetzt – endlich! – darf er daran denken, für Gulielma und die Kinder eine Heimstatt zu bauen. William Markham hat ihm bereits ein Grundstück vorgeschlagen, rund 24 Meilen nördlich von Philadelphia gelegen. Es gehörte den Delawaren und entspricht Penns Vorstellungen in jeder Hinsicht.

Pennsbury, wie Markham es nennt, liegt am Ufer des Delaware-Flusses. Vom Haus aus soll einmal eine schattige Allee hinunter zum Wasser führen. Dort würde dann eine Barke liegen, die Penn auf dem schnellsten und angenehmsten Wege nach Philadelphia bringen kann.

Penn verhandelt mit den Delawaren, erwirbt das Gelände und bezahlt es in amerikanischer und englischer Währung sowie einer ganzen Reihe von Waren: Decken, Wollstoffen, Kupferkesseln, Jagdgewehren, Messern, Scheren, Kämmen und anderem.

Sehr bald gewinnt das Haus in Pennsbury Gestalt. Ein stattliches dreistöckiges Gebäude aus Ziegeln mit großen, holzgetäfelten Räumen, mit einem Blumen- und Küchengarten ringsum, einem Brunnen, einem Backhaus und geräumigen Stallungen. Nichts ist wichtiger als die Pferde; denn Penn ist entweder im Boot oder zu Pferde unterwegs, um das Land – sein Land – kennenzulernen.

So reitet er eines Tages, nur von Ralph Smyth, seinem Gärtner, begleitet, von Philadelphia aus auf einem Indianerpfad nordwestwärts in die Wildnis hinein. Immer wieder hält er an, um einer Schar wilder Enten nachzuschauen, einem Paar aufgescheuchter Schnepfen hinterherzulachen oder eine tiefe Spur im Morast zu untersuchen.

„Ein Elch?" fragt Smyth leise.

„Könnte sein", flüstert Penn.

Sie sitzen auf. Doch bald hält Penn wieder an und deutet auf ein Lorbeerbäumchen: „Das ist was für Pennsbury!"

Smyth hat die Satteltaschen schon prall gefüllt mit allerlei Wildblumen, die in Pennsbury gepflanzt werden sollen.

Während er das Bäumchen sorgfältig ausgräbt, steht Penn an einem Wildbach, sieht dem Wasser zu und beobachtet über die Lichtung hinweg das kleine und größere Getier ringsum.

„Ich danke dir, Gott!" sagt er in seinem Herzen.

Noch sind beide damit beschäftigt, Wurzeln und Erdreich mit einem Sack zusammenzubinden, da erschreckt sie ein fremdes Geräusch. Drei Delawarenkrieger stehen plötzlich vor ihnen, als seien sie aus den Bäumen geschüttelt.

„He!" sagt einer.

„Sachem William!"

Penn auf Delawarisch: „Meine Freunde haben mich tatsächlich bei einem Diebstahl überrascht."

„Wir geben dir viel schönere Bäume", meint der eine Indianer. „Aber wohin wollt ihr reiten, Sachem William?"

Penn antwortet lachend: „Mit den Augen und Ohren jagen, mit den Eichelhähern kichern und mit dem Bergwind um die Wette blasen."

„Dann ist Sachem William auf dem rechten Wege", sagt der Indianer. „Dieser Weg führt nämlich nach Beskammony, dem Dorfe der drei Delawaren. Und dort ist heute ein Fest der jungen Männer. Kommt!"

Penn und Ralph Smyth steigen auf und folgen den dreien. Nach vier, fünf Meilen sind sie in Beskammony, wo sich in der Tat eine große Menge von Indianern zu einem Fest versammelt hat. Die jungen Männer sind gerade bei den Wettkämpfen auf der Wiese. Weder die Wettkämpfer noch die Zuschauer lassen sich stören, als die Weißen eintreffen. Aber beifälliges Gemurmel wird laut, als Penn Hut und Jacke ablegt und um einen Bogen bittet. Nach einigen Versuchen gelingt es ihm, eine hoch in der Pappel aufgehängte Fischblase zu treffen. Im Weitsprung freilich ist der fast Vierzigjährige den sehnigen Rothäuten unterlegen, während er im Ringkampf fest steht und die jungen Krieger sich von ihm besiegen lassen müssen.

Dann hockt er sich zu ihnen in den Kreis und ißt mit ihnen geröstete Eckern und Maisgrieß.

„Das ist eine gute Sorte", stellt er anerkennend fest, als man ihm einige Maiskolben anbietet. „Dieser Mais ist besser als der, den unsere Siedler von den Senecas eingetauscht haben. Verkauft ihr mir einige Sack davon?"

Penn, der unersättlich Neugierige, fragt und fragt – wie der Boden ringsum beschaffen sei, fragt nach dem Lauf der Flüsse, nach der Größe der Wasserfälle, nach den Siedlungen der Indianer, auch nach deren politischen Beziehungen zu den mächtigen Irokesen. Er denkt daran, die Handelswege, die durch Pennsylvanien laufen, nach Philadelphia zu ziehen.

Unter dem Geleit einiger Delawaren reiten Penn und Smyth am späten Abend zurück in das Gebiet der weißen Siedler.

An anderen Tagen ist Penn mit Thomas Holme in der Barke unterwegs. Es ist ein neues, großes schönes Boot, das von zwölf schwarzen Bediensteten Penns gerudert wird.

Penn und Holme erforschen die Wasserwege vom Delaware aus, sie vermessen Flüsse, Bäche und Seen, loten die Tiefe aus und vermerken die Stellen, an denen Brücken die Landwege abkürzen könnten. Auf solchen Fahrten treffen sie auf Indianer in ihren Kanus, kehren in den Indianersiedlungen ein und kommen, das Boot angefüllt mit den verschiedensten Pflanzen für Pennsbury Park, voll auch von Jagdbeute, nach Philadelphia zurück. Penn wohnt dort im Letitia-Haus, solange am großen Familienhaus in Pennsbury noch gearbeitet wird.

Und dann stehen sie beide, Penn und Holme, an dem großen Tisch, auf dem ihre Landkarten mit den neuen Einzeichnungen liegen. Von Zeit zu Zeit gehen sie zum Schrank, trinken einen kräftigen Schluck von dem Bier, das neuerdings in Philadelphia gebraut wird.

„Was ist Glück?“ fragt Penn und sieht hinaus auf das Dach mit den neuen, gebrannten Ziegeln; horcht, wie ein Siedler gerade den Eckpfosten eines neuen Hauses in die Erde rammt.

„Ein gutes Werk vorhaben, das unsere ganze Seele erfüllt? Oder noch besser: Ein Werk vorhaben, das Gottes Erde mit gutem Leben erfüllt!“

In diesem Augenblick tritt ein Diener in das Zimmer, die umfangreiche Post in den Händen.

„Hier, dieses Schreiben hat der Postreiter aus Baltimore gebracht“, sagt der Mann. „Und Nathanael Crispin hat sich mit zwei Freunden angemeldet.“

Die Freude auf Penns Gesicht erlischt.

18

Drei Briefe!

Philip Ford teilt ihm mit, in welch bedrückender finanzieller Lage sich Gulielma und die Kinder befinden. Zugleich rechnet Ford auf, wie hoch seine Schuld von 3000 Pfund in der Zwischenzeit angewachsen ist. Außerdem bittet er darum, weitere Landkäufe am Schuylkill für ihn vorzunehmen – genau da, wo sich die Stadt Philadelphia am prächtigsten ausdehnen wird. Er bekundet auch Interesse an Grundstücken in der Nähe von Chester und läßt durchblicken, daß er durch einen Agenten drei Besitzungen in New Jersey erwerben ließ, die von den dort ansässigen Siedlern aufgegeben worden waren.

„Warum nur geht die Übersendung von Geldern nach England so stockend vor sich?" schreibt Ford. „Du hast doch gewaltige Einnahmen aus den Erbpachtgeldern, nicht wahr? Jeder Landbesitzer in Pennsylvanien muß dir schließlich einen Schilling jährlich Pachtgeld auf je vierzig Hektar Land bezahlen. Ich habe zwar keine Übersicht über das bereits verkaufte Land, aber von dem, was ich allein von England aus an Kaufwillige vermittelt habe, könntest du ein großes Haus führen. Es tut mir leid, dir mitteilen zu müssen, daß es nicht mehr lange dauern wird, dann können wir das Haus in Worminghurst, in dem Gulielma jetzt wohnt, nur noch mit neuen Schulden halten. Ich werde aber alles tun, damit deine Familie keinen Mangel leidet – und wenn ich mit meinen eigenen Ersparnissen einspringen müßte."

Der andere Brief kam aus Holland von Benjamin Furly. Weil diese Post keinen englischen Hafen anlief, konnte Furly seine Nachricht unverschlüsselt an William Penn senden. Er schrieb:

„Der englische König ist von gewissenlosen Ratgebern in eine immer stärkere antirepublikanische Stimmung getrieben worden. Man hat ihm eingeredet, sein Thron sei in Gefahr. Die Massen würden durch die Verbreitung wilder Gerüchte über eine Verschwörung zum Aufruhr aufgeputscht. Angeblich trachten die Anhänger Cromwells und seiner republikanischen Ideen dem König nach dem Leben und wollen die düsteren Zeiten der puritanischen Herrschaft zurückholen. Algernon Sydney und andere sind verhaftet und nach einem vollkommen einseitig geführten Gerichtsverfahren zum Tode verurteilt und hingerichtet worden."

Algernon Sydney!

„Die Menschheit ist immer eilig dabei", so Furly weiter, „die Männer, die vorausdenken, die Kraft für die Zukunft besitzen, zu verfolgen, ja, zu beseitigen. Ich rate dir sehr, mein Freund, bleibe in Amerika, bleibe in diesem Lande, in dem Algernon Sydneys Ideen und deine Verfassung in Kraft sind! Du bist unserem altgewordenen Kontinent, der noch voller Könige und Fürsten steckt, um Jahrhunderte voraus. Und in England würde ich um mehr als um deinen Kopf fürchten. Hier könnte sich das Schicksal dieses von Blut triefenden Europa vollenden, vielleicht sogar das der ganzen armen zivilisierten Menschheit."

Der dritte Brief schließlich, der Penn endgültig von der Höhe seines glücklichen Lebens stürzte, kam von Lord Baltimore aus Maryland und enthielt eine ganze Reihe von Anklagen, Unterschriftensammlungen, Rechnungen, Skizzen und Protokollen.

Lord Baltimore stützte sich mit seinen Ansprüchen auf ein Patent, vom König unterschrieben, wonach der 40. Breitengrad die Nordgrenze seiner Provinz Maryland bildete. Penns Patent dagegen legte Pennsylvaniens Südgrenze, die sich also mit der Nordgrenze Marylands decken müßte, auf „zwei Grad nördlich von Watkin's Point" fest – das heißt erheblich weiter im Süden als der 40. Breitengrad.

Diese Unstimmigkeiten waren ohne Zweifel auf unrichtige Karten und Vermessungen zurückzuführen. Doch William Penn konnte sich auf gar keinen Fall mit dem 40. Breitengrad als Südgrenze einverstanden erklären, weil dann nicht nur New Castle, sondern auch Philadelphia zu Maryland gehört hätten. Penns Argumente, daß Baltimore ja den größeren Teil des Delaware-Flusses und dazu die gesamte Chesapeake-Bucht – also zwei ausgedehnte Zugänge zum Meer – zu seiner Verfügung habe,

Penn dagegen mit der Stadt Philadelphia nichts anderes wünsche, als einen einzigen Hafen für das ganze Land Pennsylvanien zu besitzen, ließen Lord Baltimore ungerührt. Dieser Streit schlug Wellen bis nach England und schuf dem Quäkerführer immer neue Ärgernisse und Feindschaften.

Erst vor kurzem hatte Penn eine Zusammenkunft mit Lord Baltimore gehabt, auf der er ihm den Vorschlag unterbreitet hatte, den 40. Breitengrad mit guten Instrumenten erneut festzulegen und diesen dann als die gültige Südgrenze Pennsylvaniens anzuerkennen. Dabei sollten lediglich das Gelände der geplanten Stadt Philadelphia und eine Bucht am Susquehanna-Strom ausgespart bleiben, damit seine Provinz von dort aus einen Zugang zur Chesapeake-Bucht hätte. Baltimore hatte auch diesen Vergleichsvorschlag schroff abgelehnt, sich persönlich an den König gewandt und Pläne geschmiedet, selbst nach England zu reisen, um diese Sache dort für sich zu entscheiden.

Der Brief enthielt alle die für Penn so unerquicklichen Verhandlungsberichte der letzten Zeit und – was für ihn besonders niederdrückend war – kündigte an, daß der Lord den Siedlern des strittigen Grenzgebietes verbieten werde, an Penn Steuern oder Pachtgelder zu zahlen. Seine Sheriffs und Musketiere seien unterwegs, diese Gelder für Maryland einzutreiben, und außerdem würde bereits ein Fort fünf Meilen südlich von New Castle errichtet, um notfalls mit Waffengewalt zu erzwingen, was mit Güte nicht zu erlangen sei.

Thomas Holme und William Penn schwiegen lange, nachdem sie die Briefe gelesen hatten.

„Ich glaube“, unterbrach Holme schließlich das Schweigen, „daß ich deine Gedanken lesen kann. Aber, William, dich würde dasselbe Schicksal wie Algernon Sydney treffen, würdest du nach England zurückkehren.“

„Und doch“, erwiderte Penn, „gibt es keine andere Möglichkeit, Philadelphia zu retten. Der König ist den Penns verpflichtet. Ich muß einfach mit ihm sprechen. Aber wenn das geregelt ist, komme ich mit Gulielma und den Kindern herüber. Endgültig! Außerdem könnte ich einmal mit den Freunden in England und Irland reden. Sie brauchen mich. Aber das wichtigste wäre, ich könnte die Leute am Hofe, die mir so übelwollen, davon überzeugen, daß sie mich verkennen. Du siehst, Thomas, es gibt für mich in England unglaublich viel zu tun."

Holme wollte Penn gerade wieder an den Tisch mit den Skizzen und Karten der Wasserläufe ziehen, um ihm klarzumachen, wie dringlich er auch hier im neuen Lande gebraucht wird, als der angemeldete Nathanael Crispin mit seinen zwei Begleitern eintritt.

Die drei Männer scheinen Brüder zu sein, zumindest wenn man nach ihren Gesichtern urteilt. Aber ihr sehr unterschiedliches Aussehen – Crispin klein und dicklich, die anderen beiden hager – weist sie keineswegs als Brüder aus. Es stellt sich dann auch heraus, daß sie zwar alle drei Quäker sind, aber drei verschiedenen Nationen angehören: Crispin ein Engländer, Lasse Kock ein Schwede und Johannes Weber ein Deutscher. Ihre Gesichter wirken sehr ernst, sind von tiefer Frömmigkeit gezeichnet.

„Bruder William", eröffnet Nathanael Crispin das Gespräch und redet im gleichmäßigen Tonfall der Quäkerprediger weiter, „eine Zahl von Freunden, denen das Schicksal dieses Landes und die Zuneigung zu dir am Herzen liegen, haben uns gebeten, zu dir zu gehen. Wir wollen dich in aller Offenheit auf Mißstände in diesem Lande aufmerksam machen, die das göttliche Licht zu verdunkeln drohen. Es ist nicht so, daß unser Vertrauen zu dir und deinen Absichten geschwunden ist. Das ist sicher nur bei ganz wenigen der Fall! Aber man spricht davon, daß du für persönlichen Ruhm anfällig seist, daß du dich höher stellst als dir zukommt. Wir wollen nicht davon reden, mit welchen Versprechungen du hierher gekommen bist. Ganz ausdrücklich nicht, um dich zu bereichern, sondern um die Stadt Gottes zu errichten ..."

„Verzeih mir, Nathanael", unterbricht ihn Thomas Holme an dieser Stelle erregt, „was sind das für heimtückische Anschuldigungen? Hätte William Ruhm und Ehre gesucht, wäre er dann nicht besser am englischen Hofe geblieben, statt Quäker zu werden? Wißt ihr eigentlich, daß er sein gesamtes Vermögen und das seiner Familie in dieses Land gesteckt hat? Wißt ihr, daß seine Familie in England fast mittellos dasteht? Wißt ihr, daß die Pachtgelder, auf die er Anspruch hat, kaum bezahlt werden? Ja, daß gerade Quäker ihm die Zahlung verweigern, kaum daß sie von ihm ein billiges Grundstück in Pennsylvanien erhalten haben?"

„Es ist gut", bemerkt nun Nathanael Crispin, „daß du, Freund Thomas, auf diesen Punkt zu sprechen kommst. Viele Grundbesitzer sagen, daß mit der Kaufsumme alles abgegolten ist. Was soll dann also noch ein Pachtgeld oder eine Steuer oder wie du es immer auch nennen willst?"

„Und wovon sollen die Ausgaben der Regierung, wovon Wegebauten, wovon Hafenanlagen, wovon der Bau unserer Versammlungsstätten bestritten werden?" fragt Penn.

„Nun ja", räumt Lasse Kock ein, „das wollen wir ja auch gern durch Steuern aufbringen, aber ..."

„... aber nicht meinen Unterhalt, nicht Pennsbury, nicht die Barke, nicht meine Pferde, nicht wahr?"

„Es gibt eben dringendere Sachen", erklärt Nathanael mit trauriger Stimme. „Denken wir doch nur an die Höhlenbewohner in den Steilufern des Delaware. Alle Neuankömmlinge quartieren sich dort ein und hausen mitunter monatelang in diesen Löchern. Jetzt beginnen die Seeleute dort ein- und auszugehen. Höhlen der Sünde und des Lasters sind entstanden. Alkohol und Unsittlichkeit regieren; regieren gerade dort, wo die Neusiedler den ersten Blick in unser Land tun."

„Ich kenne das Problem", sagt Penn, „aber so etwas läßt sich beseitigen. Wir müssen noch mehr Wohnhäuser bauen, Nathanael. Aber ich danke dir, daß du mich noch einmal an diesen Mißstand erinnerst. Ich werde dem Parlament vorschlagen, hier schnell etwas zu tun."

„Parlament, Parlament!" ruft Nathanael klagend. „Wir wollen nicht von dem System der geheimen Wahl reden, nicht von demokratischer Gesinnung, nicht von dem Grundsatz, daß der

Wille des Volkes das Land regieren soll. Gut, gut, mag es so sein! Sehen wir uns aber einmal das Volk an, das hier in Pennsylvanien Entscheidungen zu treffen hat. Da sind Puritaner, Protestanten, ja, Anglikaner, Hugenotten, Mennoniten. Es ist mir sogar zu Ohren gekommen, daß eine katholische Familie aus Irland eingewandert ist! Allerdings hatte sie ihren katholischen Glauben verschwiegen. Eines Tages werden wir noch Humanisten und andere Gottlose im Lande haben – und sie alle dürfen dann in geheimer Wahl ihren Willen ausdrücken, dürfen ihre Leute ins Parlament, in den Rat wählen. Und das in einem Lande, das als Land der Quäker gegründet worden ist."

Nathanael blickt Penn mit strenger Milde an.

„Ahnst du, Freund William, etwas davon, welche Unruhe unter uns Quäkern herrscht? Erkennst du nicht, daß sich deine Pläne in diesem Lande nur zusammen mit uns ausführen lassen? Warum legst du – als Gouverneur hättest du doch die Macht dazu! –, warum legst du nicht die gesamte politische Verantwortung in die Hände von Quäkern? Dann, erst dann wäre Gott in diesem Lande wirklich gegenwärtig. Dann erst ..."

„Nein, nein", fiel ihm Penn ins Wort, „jeder einzelne Bürger Pennsylvaniens soll sich verantwortlich fühlen, jeder soll mitarbeiten, mitdenken, mitregieren, unmittelbar oder mittelbar! Jeder, ob Quäker oder Anglikaner, Hugenotte oder Katholik! Ja, auch Katholik! In England haben wir um Toleranz gekämpft, und man hat uns in die Gefängnisse geworfen. Hier aber herrscht Gewissensfreiheit, meine Freunde, hier wird keiner, weil er in anderer Weise als wir zu Gott betet, ins Gefängnis geworfen oder irgendwie benachteiligt, nicht wirtschaftlich und nicht politisch."

„Es gibt viele", murmelt Johannes Weber, „die kein Vertrauen mehr in deine Quäkergesinnung haben. Man spricht davon, daß du der Kirche von Rom Land verkauft hast."

Penn lacht.

„Mir wurde übrigens aus England das Gerücht zugetragen, ich sei gestorben und habe mich sterbend zur katholischen Kirche bekannt."

„Wo Rauch ist, ist auch Feuer“, erklärt Nathanael feierlich.

Penn blickt in die drei unbewegten Gesichter im Schatten der breiten schwarzen Hutkrempen und sagt: „Ich danke euch, meine Freunde. Aber um Vertrauen kann man nicht bitten, das kann man sich nur erwerben. Ich will alles tun, was ich kann.“

Die drei Quäker verlassen den Raum. Langsam geht Penn zu dem großen Tisch mit den Papieren. Er setzt sich ein wenig mühsam, blickt über die Karten und Rollen und Skizzen, zwischen denen noch immer die Briefe von Philip Ford, von Lord Baltimore und der über Sydneys Hinrichtung liegen.

Sind es Tränen, die Thomas Holme in den Augen des Freundes sieht?

19

Hin- und hergerissen zwischen diesen Ereignissen und seinen eigenen Wünschen und Plänen, lädt Penn im Jahre 1684 die Quäker zu einem Treffen nach Philadelphia ein. Nicht vom Parlament, nicht einmal vom Provinzialrat kann er sich Hilfe erhoffen. Aber bei den Freunden – zu denen ja nicht nur Leute wie Nathanael Crispin, Kock und Weber gehören, kann er Rat finden, bei Markham, Holme, bei dem jungen James Logan, der erst vor kurzem aus Irland eingewandert ist, und vielen anderen.

Aus allen Teilen Pennsylvaniens reisen die Quäker an, dazu aus New York, New Jersey und Virginia. Sie bevölkern und bewundern die neue Stadt, die jetzt über 350 Häuser und mehr als 2500 Einwohner zählt. Nicht allein die schiefergedeckten Häuser und die Obstgärten mit den aus England eingeführten Bäumen, auch und besonders die Hafenanlagen, die Schulgebäude und das Arbeitshaus für die Missetäter sind Anziehungspunkte für die Leute aus den anderen Provinzen.

„Und was mir vor allem auffällt", meint einer der Besucher aus New York, „man sieht keinen Soldaten oder auch nur einen Mann, der eine Flinte trägt – außer vielleicht ein Jagdgewehr. Und die Indianer laufen auf dem Markt herum, als würde Pennsylvanien ihnen gehören."

„Wir haben den Großen Vertrag mit ihnen abgeschlossen", erklärt ein Mann aus Philadelphia. „Wenn wir auf die Jagd gehen, dürfen wir die Pfade der Delawaren und Susquehannas benutzen."

„Ihr dürft!" spottet der New Yorker. „Das ist gut! Die Herren Indianer geben euch die Erlaubnis, wie? Bei uns haben wir, die Weißen, alle Rechte. Ihr werdet euch mit eurer übertriebenen Menschenliebe eines Tages noch in die Nesseln setzen."

„Besser in die Nesseln setzen, als mit einem Pulverfaß in die Luft fliegen", erwidert der Pennsylvanier.

Die Quäker kommen zu ihren Andachten und Beratungen in dem neuen Versammlungshaus in der Breiten Straße zusammen. Penns beredte und leidenschaftliche Art zu predigen, rüttelt die Gemeinschaft auf.

„Daß der Bettler auf dem Kehrichthaufen lebt und daß es arme und elende Siedler in unserem Lande gibt – so etwas ist vom Steuermann der Welt nicht bestimmt worden. Es ist lächerlich, solche Ungerechtigkeiten *seinem* Ratschluß zuzuschreiben, statt unserem Mangel an Ordnung und Liebe. Die Gleichheit aller Menschen im irdischen Bereich und die Heiligkeit aller Menschen vor Gott – diese beiden sind die unlösbaren Bestandteile des Willens und der Gnade Gottes. Sie sind der Auftrag Gottes an uns!"

Während des Treffens, das sich mit der Organisation der Gesellschaft der Freunde und mit den Zuständen in den einzelnen Provinzen selbst beschäftigt, wagt es Penn, der Versammlung seine Gedanken vorzutragen, von seinen Nöten und Hoffnungen zu reden.

„Liebe Freunde und Pächter!

Für den einen oder anderen von euch mag es schmerzlich sein, daß Pennsylvanien kein reiner Quäkerstaat geworden ist, daß die unterschiedlichsten Bekenntnisse in unserem Lande zu finden sind und daß sie alle gleichermaßen ihr Recht auf Gewissensfreiheit, auf freie Meinungsäußerung, auf Mitverantwortung und Mitarbeit verlangen. Manchem Freund mag dies schwer ankommen, weil seine Vorstellungen und Erwartungen anders aussahen.

Ach, liebe Freunde! Gott ist ein Gott der Wirklichkeit. Er hat uns hierhergebracht und hat uns Arbeit in die Hände gegeben. Jetzt sollen wir der Sauerteig sein. Haben wir es nicht schon alle erfahren und gelernt, daß Gottes Reich sich nicht dadurch verwirklichen läßt, daß fünftausend Quäker zusammenleben, sondern dadurch, daß fünftausend Quäker unter zwanzigtausend Nichtquäkern das Reich Gottes ersehnen, erhoffen, verkündigen, ausprobieren und so in dauernden Mühen, Gebeten, Mißerfolgen, Erfolgen und neuen Versuchen verwirklichen?

Warum gibt es Zänkereien und Streitigkeiten zwischen Parlament und Rat? Warum kann sich das Parlament, warum können sich die jetzt achtzehn Männer des Rates so schwer einigen? Auf welcher Seite steht ihr, Freunde? Auf der Seite der Murrenden, der Nörgler oder auf der Seite der Friedensstifter?

Regieren ist ein Teil des Glaubens! Laßt ihr euch bei dem politischen Geschäft vom Licht Gottes führen oder von Egoismus und Profit? Ich bitte euch, macht das heilige Experiment unseres Landes zu einer Freude Gottes und zu einer Kraft für die Menschen, macht unsere Regierungsform und unsere Verfassung zu dem Licht auf dem Berge!“

Penn schweigt.

Wie üblich sitzt die Versammlung wort- und bewegungslos da. Aber man spürt, wie diese Rede aller Gedanken erregt hat. Die Stille besitzt eine fortwirkende Kraft.

Schließlich meldet sich der junge James Logan zu Wort.

„Sind wir“, fragt er erregt, „eigentlich aus den Gefängnissen Europas befreit worden, um uns hier gegenseitig zu quälen und dem Bruder William Leid anzutun? Mir scheint, es gibt da noch mehr Sorgen, die ihn bedrücken. Sprich darüber, damit wir dir helfen können.“

„Es ist wahr", stimmt Penn zu. „Zwei Dinge sind es, für die ich euern Rat und eure Hilfe brauche. Und ich frage nicht nur einen Freund oder zwei, sondern euch alle, diese ganze große Versammlung. Denn die Nöte, die mich bedrängen, können zwei oder drei nicht tragen. Hört mich also an!

Ich brauche euch alle die Einzelheiten über die Grenzstreitigkeiten mit unserer Nachbarprovinz Maryland nicht auseinanderzusetzen. Ihr kommt zum Teil selbst aus dem Süden und habt miterlebt, wie Oberst Talbot im Auftrag von Lord Baltimore auf dem Grundstück der Witwe Ogle, die hier unter uns ist, angefangen hat, ein Fort zu errichten. Ihr wißt, daß angedroht wurde, auf jeden, der den Bau des Forts behindern würde, unverzüglich zu schießen. Ich habe in mehreren Briefen an die maßgeblichen Leute in England Einspruch erhoben und unseren Standpunkt dargelegt.

Nun aber höre ich, daß Lord Baltimore schon im vorigen Monat nach England abgereist ist. Was soll ich tun? Soll ich auch reisen? Ihm hinterher? Kann ich euch in der schwierigen Lage allein lassen? Jetzt, wo man im Süden mit militärischen Mitteln gegen unseren friedlichen Staat vorgeht? Jetzt, wo hier im Lande politische und persönliche Zänkereien an der Tagesordnung sind, wo uns die Piraten zu schaffen machen, wo die neuen Einwanderer eine feste Hand brauchen, wo die riesigen unbesiedelten Teile unseres Landes im Westen klug und nach uralter Indianerweise angekauft und aufgeteilt werden müssen?

Wo bin ich mehr vonnöten? Hier? Oder in England?"

„Menschen bewirken mehr als Briefe", antwortet William Markham ohne Umschweife. „Wird der 40. Breitengrad als Südgrenze Pennsylvaniens anerkannt, ist unser Land ein lebensunfähiger Torso. Du wirst in London mehr gebraucht als hier."

„Und doch ist das politische Klima in Whitehall nicht günstig für dich", widerspricht Holme.

Elizabeth Hooton, eine ältere Quäkerfrau, gibt zu bedenken: „Du könntest deine Familie wiedersehen, William. Und im nächsten Jahr kommst du mit Gulielma und den Kindern hierher zurück."

Penn blickt sie lächelnd an.

„Ja, vielleicht ist es besser so!"

Langanhaltendes, zustimmendes Schweigen.

„Aber da war noch eine zweite Frage, die du an uns richten wolltest", sagt Nathanael Crispin.

Penn schweigt eine Weile. Dann atmet er tief durch und beginnt entschlossen zu reden.

„Ich schäme mich, von Geld reden zu müssen. Ihr wißt, daß ich weder aus den Zöllen noch durch die Steuern irgendwelche Einnahmen habe. Bitte, nehmt es mir nicht übel, wenn ich euch mit den Pachtgeldern bedränge. Mein Haus, meine Reisen, die ich nun wirklich nicht zu meinem Vergnügen unternehme, mein Lebensunterhalt – all das wird aus dem Rest meines Vermögens bestritten. Aber dieses Vermögen ist, seit ich es in diese Provinz gesteckt habe, kein Vermögen mehr. Bezahlt mir, wenn ihr wollt, die Pacht in Tabak. Aber irgendwie muß ich leben!

Wenn ich nun nach England fahre, werde ich vielleicht gerade noch genug zusammenbringen, um meine Überfahrt zu bezahlen. Wie ich mit meiner Familie und all dem Hausrat hierher zurückkommen soll, das kann ich mir im Augenblick nicht vorstellen. Entschuldigt vielmals, daß ich so etwas vor euch allen sagen muß!"

Der junge James Logan ruft: „Aber warum bezahlt man die Erbpacht nicht? Wer bezahlt sie denn nicht? Die Mehrzahl der Siedler sind doch Quäker, nicht wahr?"

In sanftem, gleichmäßigem Tonfall vermerkt Nathanael Crispin: „Man hat gehört, daß die Familie Penn ausgedehnte Güter in Irland hat. So hat man gehört."

„Das hat doch nichts mit der Zahlung der Pacht zu tun", erwidert Logan aufgebracht.

Lasse Kock dagegen: „Junger Freund, die Erbpacht ist eine sehr veraltete Einrichtung und mag im europäischen Feudalsystem ihre Berechtigung gehabt haben. Hier in der Neuen Welt aber ..." – er erhebt seine Stimme –, „hier haben die Kolonisten mit der Wildnis gekämpft, sie haben den ungerodeten Boden gezähmt, sie haben ihm jede einzelne Frucht und jeden noch so kleinen Erfolg mit harter Arbeit und bitterem Schweiß abgerungen. Und nun sollen sie mit einer neuen Steuer – unbefristet – bestraft werden? Das ist wider den Grundsatz der Freiheit und damit wider Gottes Gebot."

„Nennt es nicht Erbpacht", sagt Thomas Holme, „nennt es Grundsteuer, wenn ihr wollt. Ihr werdet doch zugeben, daß eine Regierung Einnahmen haben muß, damit sie arbeiten kann und damit ihre Beamten leben können – auch der Gouverneur des Landes."

„Über solche neuen Steuern müßte das Parlament entscheiden", meint Crispin freundlich.

James Logan springt auf. Voller Empörung ruft er in die Versammlung hinein: „So wollt ihr also William Penn die Pacht verweigern, wollt ihn hier betteln lassen um ein bißchen Lebensunterhalt. Wo bin ich eigentlich? Ist das hier die Londoner Börse, wo jeder nach den höchsten Wertpapieren schreit, oder ist das die Jahresversammlung der Gesellschaft der Freunde? Ich beantrage, daß jeder Quäker Pennsylvaniens in den nächsten zwei Monaten seine fällige und rückständige Pacht an Bruder William zahlt, damit der ohne Sorgen nach England fahren, dort leben und möglichst bald mit seiner Familie zurückkommen kann. Bitte, stimmt mir zu!"

„Es ist gut, es ist gut!" bittet Penn. „Ich danke dir, James. Aber eine Abstimmung ist nicht nötig! Meine Freunde, ich will keine Abstimmung! Es wird schon alles gutgehen. Vielleicht habe ich diesen Punkt zu wichtig genommen. Es ist ekelhaft, daß es Geld auf der Welt gibt, nicht wahr? Laßt uns zu wichtigeren Dingen übergehen. Da ist die Errichtung einer Druckerei, damit wir die geistlichen Rundschreiben überallhin schicken können. Die Maschinen müßten aus England besorgt werden. Welches Gebäude in Philadelphia oder Burlington wäre dafür geeignet, Thomas Holme, oder müssen wir ein neues bauen?"

20

Wochen und Monate folgten, die erfüllt waren von der Freude, wieder bei Guli und den Kindern zu sein. Aber da waren auch die vielen schmerzlichen Besuche bei den verarmten Quäkern überall im Lande und in den Gefängnissen.

In dieser Zeit stirbt Karl II., und sein Bruder Jakob folgt ihm auf dem Thron.

William Penn und Jakob hatten sich früher oft gesehen; anfangs in Paris am Hofe Ludwigs XIV. und später während der Regierungszeit Karls in London. Es war schon merkwürdig – dieses fast freundschaftliche Verhältnis der beiden Männer: des Quäkers und des strengen Katholiken.

Gab es dafür Gründe? Hatte Penn ein so starkes Treuegefühl für die Stuarts entwickelt, unter denen sein Vater berühmt und reich geworden war? Reichte Penns Neigung, mit allen Menschen in Frieden zu leben, so weit, selbst mit einem derart unsicheren, in seinen Urteilen, seiner Politik derart schwankenden Menschen wie Jakob II. engen Umgang zu pflegen? Oder hoffte er gar, die harte katholische Politik, vor der sich das ganze protestantische England fürchtete, durch seinen persönlichen Einfluß etwas milder zu gestalten?

Seinen Zeitgenossen jedenfalls gibt er mit dieser Freundschaft ein schweres Rätsel auf. Viele böse Gerüchte schwirren in den Hofkreisen und im Parlament umher. Aber auch bei den Quäkern in England und Pennsylvanien gibt es allerlei Getuschel. Schließlich – wie ist es möglich, daß der Gouverneur eines Landes mit eindeutig demokratischer Verfassung derart vertraut mit diesem so engstirnig auf sein Königtum pochenden Herrscher umgeht?

Keine Frage! Penn hat mit der Hilfe des neuen Königs George Fox aus dem Gefängnis befreien können. Ein anderer Quäker, den man zu Unrecht des Hochverrats angeklagt hatte, ist durch Jakobs Fürsprache dem Tode entronnen. Und in der Grenzstreitigkeit mit Lord Baltimore gewährt der König seinem Vertrauten William eine für Pennsylvanien günstige Lösung – wenn auch erst nach langwierigen Verhandlungen vor einem Ausschuß des königlichen Rates.

Nach anderthalb Jahren in England hätte Penn nach Amerika zurückreisen können. Aber da ist die Geburt von Gulielma Maria; da werden neue Aussprachen mit Philip Ford über immer weitere Geldforderungen notwendig. Penn kann freilich schon seit langem nicht mehr alles durchschauen, hat jeden Überblick verloren. Doch im Vertrauen darauf, daß Ford Quäker ist – und als solcher nichts Unrechtes tun würde – erlaubt Penn seinem ehemaligen Sekretär weitere Landkäufe in Pennsylvanien und überträgt ihm Grundstücke, die als Sicherheit für die angesammelten Schulden dienen sollen.

„Nur“, wie Ford es ausdrückt, „als Nebenschuld, mit der man deine Rechte in Pennsylvanien niemals schmälern könnte.“

Ganz gewiß aber hofft Penn auch, auf den schwachen, ständig zögernden, politisch unfähigen König seinen Einfluß geltend machen zu können; hofft, daß seine Gedanken der Toleranz und Gerechtigkeit bei Jakob zum Besten des Landes wirksam werden können. Vielleicht ist das sogar der ausschlaggebende Grund dafür, daß William Penn seine Rückfahrt immer wieder hinauszögert.

Es gelingt ihm ja auch in der Tat, eine allgemeine Amnestie für die Quäker zu erwirken. Verhindern aber kann er nicht – und das wiegt viel schwerer –, daß der engstirnige und verbohrte König den beiden protestantischen Gelehrtenzentren Oxford und Cambridge seine Unterstützung versagt und an diesen beiden berühmten Universitäten römisch-katholische Professoren einzusetzen versucht. Er schlägt Penns Rat, die Tradition dieser alten Bildungsstätten nicht anzutasten, einfach in den Wind.

Ein Sturm der Entrüstung erschüttert das ganze Land.

Hinzu kommt noch, daß dem König ausgerechnet in diesen Tagen ein Sohn geboren wird. Jetzt ist also ein katholischer Thronfolger da! Und der Thron Englands würde auf nicht absehbare Zeit von katholischen Königen besetzt sein! Diese Tatsache bringt die Stimmung im Volk und im Parlament auf den Siedepunkt. Zu tiefgehend ist England schon von protestantischer Lebenshaltung geprägt!

Penn begibt sich eiligst zum König und rät ihm noch einmal dringend, in einem schnellen Erlaß den Universitäten Oxford und Cambridge ihre traditionellen Rechte als Ausbildungsstätten der anglikanischen Geistlichkeit zu bestätigen.

Doch der König beschwichtigt ihn:

„Du siehst die Dinge zu schwarz, lieber Penn. Und dann – man muß auch mal hart bleiben! Ich bin immer zu weich, zu unentschlossen. Doch diesmal – nun ja, du siehst, ich bin ganz hart in dieser Sache."

„Das ist nicht gut", wagt Penn Einspruch zu erheben. „Die Unzufriedenheit könnte sich steigern, könnte zu Empörung und Aufruhr werden. Mäßigung scheint mir jetzt die rechte Praxis des klugen Mannes zu sein. Regierungen, die maßvoll handeln, hatten seit je die besten Erfolge."

Mit zusammengekniffenen Augen fragt der König: „Und an welche Regierungen denkst du?"

„Ich denke an Holland."

„Aha", schreit der König, „an die milde protestantische Regierung Ihrer protestantischen Majestäten Maria und Wilhelm von Oranien! Ich weiß! Woran solltet Ihr denn sonst denken? Und nun meine Lektion an Euch: Nur Entschlossenheit und Härte und ... und Strenge geben Erfolg. Es ist gut! Wir brauchen Euch nicht mehr, Mr. Penn!"

Eine Woche später landet Wilhelm von Oranien, der mit einer Tochter Jakobs aus erster Ehe verheiratet ist und dadurch Anrechte auf den englischen Thron hat, in Torbay. Jakob flieht mit seiner Familie nach Frankreich zu Ludwig XIV.

Die Freunde beschwören Penn, mit dem nächsten Schiff England unverzüglich zu verlassen. Nur so könnte er allen Bedrängnissen entgehen, die notwendig aus seiner engen Freundschaft mit Jakob zu erwarten sind. Penn aber vertraut darauf, daß man seine Rechtschaffenheit achten und ihm mit der gleichen Toleranz begegnen wird, wie er sie stets geübt hat.

21

Im November 1688 besteigt Wilhelm III. den englischen Thron. Bereits im Dezember wird William Penn verhaftet, vor dem Staatsrat verhört, freigelassen, wieder verhaftet, wieder freigelassen und – als Jakob mit französischer Hilfe in Irland landet, um von dort aus sein verlorenes Königreich zurückzuerobern – in den Tower geworfen.

„Wegen Verdachts des Hochverrats oder hochverräterischer Handlungen durch Unterstützung und Anhänglichkeit zu den Feinden Ihrer Majestäten Wilhelm und Maria."

Nur zwei Besucher dürfen zu dem Gefangenen: seine Frau und Philip Ford. Diese spärlichen Stunden sind ein großer Trost. Gulielma berichtet ihm von den Kindern; meist unter Tränen. Und da sieht er, wie schwach sie geworden ist. Wieviel Sorgen haben sie während seiner Abwesenheit in Pennsylvanien bedrückt! Und wie zehrt nun die neue leidvolle Zeit an ihren Kräften!

Mit Philip Ford bespricht er die Lage in Pennsylvanien. Durch ihn kann er auch Grüße an die Freunde in Amerika und hier im Lande schicken.

Die beiden Männer sitzen in dem düsteren Raum, dessen dunkelgraue Steinwände die Not, die letzte Not so manches Gefangenen atmen.

„Der Sieg Wilhelms in Irland", berichtet Ford, „ist nicht mehr zu bestreiten. Vermutlich ist Jakob längst wieder nach Frankreich geflohen. Nun ist jeder Katholik ein Verräter – und auch jeder, der irgendwann einmal mit Jakob ein freundschaftliches Wort gewechselt hat."

„Wird der Krieg mit Frankreich Folgen für Pennsylvanien haben? Was hörst du?"

„Da werden sich Folgen nicht vermeiden lassen", bestätigt Ford die Befürchtungen des Freundes. „Pennsylvanien ist schließlich keine Insel im Ozean. Noch ist alles ruhig. Aber ein Krieg in Europa – sagen wir, zwischen England, Holland, Spanien auf der einen Seite und Ludwig auf der anderen –, das bedeutet zugleich einen Krieg in Amerika."

„Und genau das bedrückt mich am meisten!" gesteht Penn. „Im Augenblick braucht man mich drüben nötiger als hier. Ich muß nach Pennsylvanien! Die nächste Möglichkeit, mein Freund, die sich bietet, werde ich ergreifen – die nächste Möglichkeit!"

Penn ist aufgesprungen. Unruhig läuft er in dem engen Raum auf und ab. Ford setzt zu einer Antwort an, hält aber inne, macht eine mutlos wirkende Bewegung.

„Was ist?" fragt Penn.

Ford schweigt.

„Wie geht es George Fox?"

„Nicht gut", erwidert Ford. „Die Reden in den Versammlungen strengen ihn so an, daß er sich nach einem Predigtabend mehrere Tage lang erholen muß."

„Aber wie gewaltig redet er auch!" erinnert sich Penn. „Manchmal habe ich gemeint, das Licht Gottes in seinem Innern würde ihn verzehren. Und immer wieder Gefängnis und Schläge, Vertreibung und Hunger! Wie hat er das nur fast ein halbes Jahrhundert lang ausgehalten! Dieser Mann, der uns immer wieder nur klarmachen wollte, daß Gott unmittelbar und ohne Winkelzüge für die Armen und Wehrlosen da ist! Und dabei: Welche Fröhlichkeit! Als wäre Jesus von Nazareth allein für ihn auferstanden! – Was bin ich dagegen doch ein armer Tropf!" fügt er schließlich noch hinzu.

Philip Ford steht auf, und nachdem er einige Schriftstücke aus seiner Mappe genommen und auf dem Tisch ausgebreitet hat, wendet er sich an Penn.

„Das ist nicht wahr", sagt er leise und zögernd. „Du warst immer tapfer und … und wirst es auch jetzt sein, nicht wahr?"

„Warum sagst du das?" fragt Penn erstaunt.

„Du hast viele Feinde. Und die haben jetzt das Ohr des Königs und der Königin. Deine Beziehungen zu Jakob … Der Text der Anklage gibt zu schlimmen, ja, man muß sagen: zu schlimmsten Befürchtungen Anlaß. Höre doch nur: ‚… die Regierung Ihrer Majestäten umzuwerfen und zu zerstören. Und zu diesem Zwecke habe besagter William Penn die Feinde Ihrer Majestäten bei der gegenwärtigen Invasion nach Irland unterstützt, aus welchem Grunde ein Haftbefehl wegen Hochverrats gegen ihn erlassen wurde ...' Das ist die Anklage, die dich ..."

„Ich weiß, Philip", unterbricht ihn Penn. „Ich sehe meine Lage klar genug. Sagen wir es ohne Umschweife: Hochverrat und Hinrichtung sind ein gutes Zwillingspaar. Obgleich ich mit der Invasion nach Irland nie etwas zu tun hatte ..."

„Wie die Dinge stehen", erklärt Ford, und es scheint, als sei er über Williams klare Sicht erleichtert, „wie die Dinge stehen, darf man gerade jetzt die Augen nicht zumachen. Doch wenn wir schon mit dem Schlimmsten rechnen, sollten wir schnellstens und ohne alles Zögern Ordnung schaffen. Ich meine, wir müssen vor allem an die zwei Dinge denken, die dir die liebsten sind: deine Familie und Pennsylvanien.

Nehmen wir einmal an, deine Feinde bei Hofe erreichen ihr Ziel, ihr letztes Ziel, meine ich. Dann wird sich ihr ganzer Haß auf dein großes Werk, auf Pennsylvanien, richten. Dann wird es nicht um kleine und kleinliche Grenzstreitigkeiten gehen, sondern darum, deine Familie ihres Erbes zu berauben und Pennsylvanien irgendeinem königlichen Beamten – der dann auf keinen Fall mehr ein Quäker sein darf – zu unterstellen. Mit einem Wort: Alles, worum du im letzten Jahrzehnt gebangt und wofür du gearbeitet hast, wird man zerstören wollen."

„Du sprichst nur aus, was ich mir längst überlegt habe. Wenn ich nicht mehr bin, wird Pennsylvanien an die Krone fallen. Gulielma kann es nicht halten. Mein Sohn ist zu jung ..."

„Nein", ruft Ford nun voller Eifer, „nein, so darf es nicht kommen! Pennsylvanien muß gerettet werden! Was hältst du davon, das Land einem vertrauenswürdigen Mann zu übertragen – für den Fall natürlich nur, daß du selbst tatsächlich nicht mehr die Geschäfte führen könntest –, dann wäre doch auch die Zukunft deiner Familie gesichert. Mit den irischen Gütern ist nach den letzten Ereignissen freilich nicht mehr zu rechnen. Unsere geschäftlichen Verbindungen – ich meine da meinen Landbesitz in Pennsylvanien, gewisse Schuldentilgungen ..."

Ford vollendet den Satz nicht. Begütigend legt er dem Freund, der zusammengesunken, vernichtet auf seinem Stuhl sitzt, die Hand auf die Schulter. Erst nach einer Weile beginnt er wieder: „Wäre es nicht klug, die Provinz und deine Familie einfach dadurch zu schützen, daß du Pennsylvanien deinem engsten Mitarbeiter überträgst, dem, der am besten über alle Verhältnisse und Geschäfte Bescheid weiß? Nur auf dem Papier natürlich! Aber die augenblickliche Lage zwingt einfach dazu. Weiß man denn, wann ... Das Ganze bliebe ohnehin nur eine private Abmachung zwischen dir und mir ... Nun ja, vielleicht sollte Bridget davon wissen ... Falls mir etwas zustoßen sollte! Schließlich bin ich auch nicht mehr jung, und als Quäker ist man schnell in einer schwierigen Lage. In meinem Testament braucht ja davon, von dieser Gesamtübertragung der Provinz an mich, kein Wort erwähnt zu werden. Ich möchte nur, daß du über beide, über Gulielma wie auch über Pennsylvanien, völlig beruhigt bist. Deswegen mein Vorschlag. Nur deswegen!"

Penn sieht Ford nicht an.

Schließlich murmelt er: „Vielleicht ist das wirklich eine Lösung. Mache die Schriftstücke fertig und bringe sie morgen mit. Ich habe hier ja Zeit genug, über deinen Vorschlag nachzudenken."

„Hast du wirklich so viel Zeit?" fragt Ford leise.

Lange bleibt es still.

Hast du wirklich so viel Zeit? Wirklich so viel Zeit? Hast du wirklich so viel Zeit?

Wie ein Echo – wieder und immer wieder – klingt die Frage in Williams Ohr, läßt sich nicht aus dem Kopf drängen.

„Der Vorschlag, den ich dir jetzt gemacht habe", hört William den Freund sagen, „beschäftigt mich seit deiner Verhaftung. Deshalb habe ich schon mal versucht, die Dinge zu Papier zu bringen. Hier! Du könntest ja noch die eine oder andere Formel im Text ändern."

„Nein, nein", wehrt Penn ab, „das kannst du besser! Du weißt viel besser als ich über alle diese Formalitäten Bescheid."

Penn setzt sich an den Tisch, überfliegt die Sätze der Urkunde, mit der er die gesamte Provinz Pennsylvanien an Philip Ford abtritt, und – ohne noch einmal aufzusehen – setzt er seinen Namen darunter.

„Es ist nur zu deiner Sicherheit", beteuert Ford.

„Gut, mein Freund! Und Dank für deine Fürsorge!"

Einige Zeit später, im Dezember 1690, findet die Verhandlung über William Penn an King's Bench, dem Oberhofgericht, statt.

Penn wird aus der Haft entlassen. Beweise für hochverräterische Beziehungen zu Jakob hatten sich nicht finden lassen. Alte Freunde der Penn-Familie hatten sich bei König Wilhelm für ihn eingesetzt, hatten sich für seine rechtschaffene Haltung verbürgt.

Erleichtert und überglücklich schmiedet er mit Gulielma Pläne, nach Amerika zu reisen – schließlich ist er nun schon fünf Jahre lang seinem geliebten Pennsylvanien fern.

Die Genehmigung zur Ausreise ist schon erteilt – da gehen erneut Gerüchte über eine Verschwörung und einen Aufstand in Irland um.

Von Dublin und London aus fliegen nun die Haftbefehle geradezu in die Lande; gegen alle gerichtet, die mit dieser Verschwörung in Verbindung stehen könnten. Auch gegen Leute, die Grundbesitz in Irland haben oder in irgendeiner Weise verdächtig sind, das Königshaus nicht zu unterstützen. An eine Abreise ist nicht mehr zu denken. Alle Häfen werden überwacht.

Auf diese neue Bedrohung hin tut Penn das, was seinem offenen Wesen, seinem wahrheitsliebenden Sinn immer widerstrebt hat: Er verbirgt sich bei einem befreundeten Mann in Yorkshire, einem Mann, der kein Quäker ist. Es ist ganz einfach menschliche Furcht, die ihn dazu treibt; die Angst, noch einmal in einem Gefängnisloch unwiederbringliche Zeit seines Lebens vertun zu müssen.

Guli zieht mit den Kindern zu ihren Eltern nach Bristol. Von Zeit zu Zeit kommt sie im Schutze der Nacht, um ihrem Mann Briefe und Nachrichten zu bringen.

Drei Jahre lebt Penn so in der Verborgenheit.

22

Wie ein Verbannter zu leben, ist nicht nur für ihn eine schwere Sache – für ihn, den Tatkräftigen, der die Öffentlichkeit braucht und der weiß, wie sehr ihn die Menschen brauchen. Guli leidet noch mehr darunter. Muß sie doch Tag für Tag bangen, man könnte William aufspüren, ihn wieder verhaften. Die Abstände zwischen ihren Besuchen in dem alten Yorkshire-Hause werden länger und länger. Denn diese Reisen zehren an ihren immer schwächer werdenden Kräften. Hat Guli die Fahrt von Bristol bis Yorkshire hinter sich gebracht, diese drei Tage in dem engen Wagen, dann muß sie eine halbe Woche lang erschöpft das Bett hüten.

Liebevoll blickt sie zu William hinüber, der am Tisch sitzt, umgeben von Papieren und Büchern, in dem von zwei Kerzen nur schwach beleuchteten Raum.

„Warum siehst du mich an", fragt William. „Solltest du nicht besser schlafen?"

„Was schreibt William Markham aus Philadelphia?" weicht sie seiner Frage aus. „Und was Ralph Smyth über Pennsbury?"

„Der Hof ist inzwischen eingezäunt", liest William vor. „Ein schmiedeeisernes Tor nach meiner Zeichnung ist bestellt. Und, Guli, höre nur: An das Waschhaus wird noch ein Raum angebaut, in dem die Wäsche gleich gebügelt werden kann."

„Das ist schön", sagt Guli – aber so leise, daß Penn sie nicht verstehen kann.

„Gefällt dir das?" will er wissen. „Mich beunruhigt, daß Ralph Smyth nichts davon schreibt, ob er die Samen- und Pflanzenpakete bekommen hat. Es wäre doch schade, wenn die Haselnußstecklinge verlorengegangen wären. Stell dir vor, wir hätten im Garten von Pennsbury Haselnußsträucher wie hier in England!"

„Ja, das wäre schön", flüstert Guli.

Penn nimmt den letzten Brief von James Logan in die Hand und liest ihn noch einmal, still für sich.

„Ich wünschte, mein lieber Bruder William“, heißt es darin, „ich dürfte dir Seiten über Seiten vom Blühen und Wachsen deiner Provinz schreiben. Die Ernten sind reich, daß es eine Lust ist, über den Markt in Philadelphia zu gehen. Gutes frisches Fleisch ist sehr viel billiger als in England; Butter, Weizen, Roggen und Mais ebenfalls. Barbadoskartoffeln wachsen ausgezeichnet, und die Leute haben sich nun auch an sie gewöhnt. Alle Scheunen und Keller sind bis an die Decke gefüllt. Der Hausbau geht in den Städten und auf den Farmen tüchtig voran. So viel Segen und Überfluß!

Sollte man da nicht annehmen, daß Frieden und Eintracht im Lande herrschen? Aber was man sich in England mit hämischem Grinsen über Pennsylvanien erzählt, ist leider wahr. Die Parlamentsmitglieder ziehen in aller Öffentlichkeit übereinander her, beschuldigen sich gegenseitig, vernachlässigen ihre politische Arbeit – und das alles, weil ihnen der Profit wichtiger ist. Sie fühlen sich über die Bürger erhaben, obwohl sie nichts für das Land leisten.

Alle diese Dinge – das Gezänk, der Hochmut, der Egoismus – spielen sich nun keineswegs in den vier Wänden des Parlaments oder des Provinzialrates ab, sondern öffentlich – in Reden und gedruckten Abhandlungen. Dazu kommt der Streit zwischen Parlament und dem Rat selbst. Keiner kümmert sich um die Beschlüsse des andern. Die nördlichen Bezirke Pennsylvaniens arbeiten, ja hetzen gegen die südlichen und umgekehrt. Quäker verleumden Nichtquäker und umgekehrt. Profitmacherei und Vetternwirtschaft sind an der Tagesordnung.

Wie oft schreie ich zu Gott und frage, ob er denn das heilige Experiment seines Dieners William Penn so zugrunde gehen lassen will! Ach, du mein lieber, verehrter Freund! Ich möchte so gern helfen. Aber wenn ich in den Versammlungen der Gesellschaft der Freunde aufstehe und zu ihnen spreche, dann hören sie mich mit unbewegten, ach so frommen Gesichtern an, bis einer schließlich in weihevoll-besänftigendem Tonfall zu mir sagt: ‚Du bist jung, mein Freund! Gott gebe dir Weisheit!‘ Und alles geht wie gewohnt weiter.“

Penn liest den Brief noch einmal, liest da und dort einen Satz zum dritten und vierten Mal.

„Du siehst mich ja schon wieder an, Guli! Warum schläfst du nicht, mein Liebes?"

„Was schreibt William Markham aus Pennsylvanien?" fragt Guli noch einmal.

„James Logan hat geschrieben."

„Und?"

„Die Ernten sind reichlich. Es lebt sich gut dort drüben."

„Hast du Sehnsucht nach drüben, William?"

„O ja – und sie brauchen mich. Wir müssen hinüberfahren, sobald es nur geht."

„Du solltest ohne uns fahren, William, heimlich. Ohne mich, ohne die Kinder, ohne all das aufwendige Haushaltsgut. Das müßte doch zu schaffen sein."

Penn steht auf und geht an Gulis Bett.

„Willst du mich los sein?" fragt er scherzend.

„Nein, nein", ruft er dann, heftig und erregt auf und ab gehend. „Heimlich fahren? Es ist schon schlimm genug, mich hier verborgen zu halten. Ein rechtschaffener und ehrlicher Mann sollte so etwas nicht tun. Wenn ich nun auch noch heimlich auf und davon laufen würde, dann wäre das nur Wasser auf die Mühlen all der Leute, die nur darauf warten, mich, meine Freunde, mein Pennsylvanien in den Schmutz zu ziehen. Und der Verdacht, daß ich wirklich an einer Verschwörung gegen den König teilgenommen habe, bekäme neue Nahrung. Nur der Schuldige flieht! Ich werde mich an die Lords Rochester und Ranelagh wenden. Sie kennen mich seit dreißig Jahren. Sie müssen beim König für mich sprechen."

Er setzt sich wieder an den Tisch. Als er zur Feder greift, glaubt Guli, er schreibe an die Lords. Erschöpft schließt sie die Augen. Doch Penn schreibt an den Provinzialrat in Pennsylvanien.

Meine Freunde!

Ich habe zwei getrennte Pakete Post von Euch bekommen. Den Streit unter Euch, nicht nur mit den Mitgliedern des Parlaments, treibt Ihr nun so weit, daß Ihr mir sogar getrennt schreibt: zwei Parteien, die sich gegenseitig beschuldigen, die keine vernünftigen Ratssitzungen mehr abhalten können und die sogar das Parlament und das Volk zu spalten drohen.

Was soll ich nur tun, um Euch zu beruhigen und Euch miteinander zu versöhnen, ehe Eure Unordnung das ganze Land ergreift?

Ihr könnt Euch nicht vorstellen, welche Ausmaße die Berichte über Euer Gezänk haben, wenn sie hier in England ankommen!

Liebe Freunde, ich bin vor nun bald zehn Jahren aus Pennsylvanien abgefahren. Mein ganzes Sehnen und Trachten ist nur darauf gerichtet, endlich wieder dahin zurückzukehren. Aber wie sehr enttäuscht Ihr mich zur Zeit. Dabei habe ich im Augenblick genügend andere Sorgen. Und Ihr macht alles nur noch schlimmer. Wohl nicht, weil Ihr mich nicht liebt, sondern weil Ihr Euch untereinander nicht liebt. Könnt Ihr nicht endlich an das Wohl des Landes denken? Wenigstens bis zu dem Tage, an dem es Gott gefällt, mich wieder zu Euch zurückzubringen? Ich bitte Euch! Geliebte Freunde, hört darauf, was ich sage! Denkt auch an meine Stellung, meinen Ruf und meine Liebe zu Euch! Darum bittet Euch inständig

Euer Freund.

Penn faltet das Blatt zusammen, versiegelt den Brief sorgfältig, lehnt sich tief aufatmend zurück und blickt dann zu Guli hinüber.

Die Nacht ist still. Leise tritt er zu der Schlafenden. In der Dunkelheit kann er ihre eingefallenen Gesichtszüge nicht erkennen. Und er merkt auch nicht, wie unregelmäßig ihr Atem geht. Allzusehr sind seine Gedanken noch immer mit Pennsylvanien beschäftigt, mit den Nöten der Quäker, aber auch mit ihren Querelen dort und hier in England.

Was aber sollte er unbedingt in den Briefen an die Lords Rochester und Ranelagh erwähnen? Seine verzweifelte finanzielle Lage fällt ihm ein, die verlorenen Güter in Irland, Entwürfe politischer Schriften kommen ihm in den Sinn! Irgendwo zwischen all den Papieren müssen sie liegen. Und wieder Pennsylvanien! Immer wieder Pennsylvanien, das heilige Experiment ...

Er geht zum Tisch zurück, wühlt aufgeregt in dem Papierwust, bis er findet, was er gesucht hat, und beginnt zu schreiben.

23

In der Abgeschlossenheit dieser Jahre kann sich Penn des Ansturmes seiner Gedanken kaum erwehren. Die Empörung über den politischen Zustand der Welt und die Unzufriedenheit mit den Taten oder den Untaten der Fürsten Europas treiben ihn zu grundsätzlichen Überlegungen, wie denn der gequälten Menschheit zu helfen sei. Voller Zorn rüttelt er an den Gittern der eingefahrenen Ordnung von Krieg und Frieden, bringt seinen visionären Entwurf für ein neues Miteinander der Staaten zu Papier und schreibt schließlich seinen „Versuch über den gegenwärtigen und zukünftigen Frieden in Europa"; eine Schrift, die er seiner Sicherheit wegen anonym herausgibt.

„Das muß kein Mensch sein, sondern ein Standbild aus Metall oder Stein, der ungerührt die blutigen Schrecknisse des gegenwärtigen Krieges sehen kann, sei es in Ungarn, in den deutschen Ländern, Flandern, Irland und auf den Meeren; den die zahllosen Sterbenden in den Feldlagern und auf den Kriegsschiffen gleichgültig lassen, all die ungeheuere Beute, die Winde und Wogen sich an Schiffen und Menschen seit 1688 gesichert haben" – so beginnt Penn seine leidenschaftliche Streitschrift.

Seine Gedanken lassen ihn nicht zur Ruhe kommen. Ungestüm läuft er in dem schmalen Zimmer auf und ab; läuft – von Unruhe getrieben – in den kleinen Garten hinter dem Haus, atmet den weiten Himmel und versucht zu ordnen, was Kopf und Herz bedrängt.

Der gesellige Mann braucht das Gespräch, braucht Einwände oder Bestätigung. Worte, die ihn zügeln, Worte, die ihm Wege öffnen. Doch hier in der Verbannung gibt es keinen Menschen, der solche Worte mit ihm spricht.

Da beginnt er eines Tages, Gedankenfetzen auf Zettel zu schreiben und diese Zettel da und dort im Zimmer – am Fensterkreuz, am Schrank, an den Türpfosten – anzuheften. Er wandert hin und her, bleibt unvermittelt stehen, sieht vor sich das hagere Gesicht Benjamin Furlys, der ihn klug und spöttisch anblickt. Dann wieder sind es die Augen von George Fox, die ihn nicht loslassen. Und dann gar der böse Mund des vertriebenen Königs Jakob. Seine Gegenspieler! Hastig beginnt er auf sie einzureden – auf diesen, auf jenen.

„Welchen Mut bringen wir auf, wenn es darum geht, einen Krieg vorzubereiten und durchzustehen! Ach, nur einmal mit solchem Mut den Frieden wagen! Steckt nicht in der Bergpredigt mehr Wirklichkeitssinn als in all den Beratungen der Generalstäbe, die keinen Mut zur Menschlichkeit, zur Versöhnung und zu kühnen, guten Verhandlungen aufbringen?

George Fox, ich weiß genau, was du sagen willst: Was bedeutet denn die Liebe, die Jesus verkörpert, einem Politiker, einem König, einem General?

Gut, mein Freund! So müssen wir denn mit dem Verstand arbeiten, ganz einfach mit dem gesunden Menschenverstand. Ein Mittel, das jeder – ganz gleich, ob Christ, ob Muselmann oder Gottloser – anerkennen wird, ist Recht und Gesetz. Gewinnen wir also den Frieden durch Gerechtigkeit!

Ich gestehe ein, Fox, das ist dein Gedanke! Den hast du aus dem Psalm 85 geholt: Gerechtigkeit und Frieden werden sich küssen – so heißt es da!

Aber nun fragst du, hartnäckiger Furly: Wie soll denn das in der Wirklichkeit Europas zugehen? Ich will es dir aufschreiben. Du alter Bücherwurm erkennst ja ohnehin nur die Worte an, die schließlich auf Papier festgenagelt sind. Komm, sieh mir nur über die Schulter!“

Penn setzt sich an den Tisch und schreibt:

„Die souveränen Fürsten Europas sollen übereinkommen, sich durch ihre Bevollmächtigten in einem gemeinsamen Reichstag oder Staatenhaus oder Parlament zu treffen. Dort sollen sie rechtliche Bestimmungen für die Fürsten festsetzen, die diese einmütig halten müssen. Jährlich sollen sie zusammenkommen, mindestens aber alle zwei oder drei Jahre oder wann immer Bedarf für eine Versammlung besteht. Diese Versammlung sollte Unabhängiger Reichstag, Parlament oder Staatenhaus Europas heißen."

„Und dann? Und dann, Penn? Wann endlich redest du vom Frieden?"

„Du bist ebenso ungeduldig wie ich, Furly. So schnell kann ich nicht schreiben. Also:

Vor diese souveräne Versammlung sollen alle Streitfragen gebracht werden, die zwischen einem Fürsten und einem anderen offen sind und die nicht schon vor Beginn der Tagung durch Gesandtschaften beigelegt werden konnten. Sollte sich einer der Fürsten weigern, sich dem Anspruch oder den Forderungen dieses Staatenhauses zu beugen oder den Urteilsspruch des Hauses anzunehmen und durchzuführen, dafür aber seine Zuflucht bei den Waffen suchen, so sollen alle Mitglieder der Versammlung, zu einheitlicher Macht zusammengeschlossen, die Unterwerfung unter den Spruch und seine Durchführung erzwingen.

Ich höre dich schnaufen, Jakob: Wir Fürsten lassen uns durch niemanden unsere Souveränität beschränken! Sieh nur, wie du mit Wilhelm von Oranien, deinem Erzfeind, Hand in Hand dastehst! Und es werden sich noch manche mächtigen Herren dazugesellen.

Aber bisher habt ihr die Sache nur höchst oberflächlich betrachtet. Immer nur in der Angst, daß euch eure Hoheitsrechte beschnitten werden. Nun aber höre, Jakob, mein königlicher Bruder! Ich will es euch Hoheiten aufschreiben! Hier bitte:

Im eigenen Lande wird den Staaten nichts von ihrer Souveränität genommen werden. Lediglich nach außen wird ihre Macht insofern eingeschränkt, als der große Fisch nicht mehr den kleinen auffressen kann. Jeder Fürst wird demnach gleichermaßen vor Rechtsverletzungen geschützt sein. Auf der anderen Seite aber wird es ihm unmöglich gemacht, solche Rechtsverletzungen überhaupt erst zu begehen.

Cedant arma togae! Die Waffen sollen der Toga des Richters weichen! Das ist ein wunderbares Wort! Vergeßt es nicht, meine Herren Souveräne! Nicht alles, was Cicero gesagt hat, ist so gut!"

Penn steht auf und rollt eine Karte von Europa auf dem Tisch aus. Wie viele Bevollmächtigte der einzelnen Staaten sollen in das europäische Parlament einziehen? Von den Deutschen zwölf, von Frankreich und Spanien je zehn, aus Italien acht, aus England sechs, aus Schweden vier, Dänemark drei, Polen vier, Venedig drei, aus den holländischen Provinzen vier, aus der Schweiz zwei ...

Und warum nicht auch von den Türken im Süden Europas? fragst du, Furly. Ja, warum nicht sogar Moskau mit dem jungen Zaren Peter an der Spitze? frage ich zurück.

Lebte Algernon Sydney noch, ich wüßte seine Antwort: Sind die Türken erst einmal Mitglied dieses Staatenhauses – das würde er sagen –, werden sich die christlichen Staaten schämen, untereinander Krieg zu führen! Welch eine unwürdige Lage, wenn die Franzosen nicht anders als die Engländer, wenn die Protestanten nicht anders als die Katholiken den gütigen und gnädigen Gott um Hilfe und Beistand anflehen, daß er doch auf ihrer Seite bei der Vernichtung ihrer christlichen Brüder sei! Wird das noch möglich sein, wenn auch die Türken neben ihnen im europäischen Hause sitzen?"

Penn lehnt sich aufatmend zurück. Aber da drüben – an der Tür, da hängt der zwei Handteller große Zettel, den er immer ansehen muß, wenn er nur die Klinke in die Hand nimmt.

„Geld! Geld! Geld!"

„Ach, meine Freunde, müssen wir wirklich noch damit anfangen, vom Geld zu sprechen? Wenn wir einmal aufrechnen, was die Menschheit, ach, was nur ein einziges Volk für die Rüstung vor den Kriegen und für den Wiederaufbau nach den

Kriegen ausgibt! Fragen wir aber umgekehrt danach, was man bereit ist, für Wissenschaft und Bildung, Wohltätigkeit und Gewerbe aufzubringen – müßten wir uns da nicht vor Gott, unseren Kindern und Enkeln in Grund und Boden schämen?

Die Angreifer, denen es um Land, Besitz und Reichtum geht, erreichen selten das, was sie anstreben. Und wie selten erfüllen sie auch – wenn sie siegen – das, was sie versprochen haben! Die Armeen, ihre Erhaltung und die Kriege – dies und nur dies ist der Grund für das Elend von Millionen Menschen auf dieser Erde!

Begreift ihr es nun, Furly, Fox und sogar du, zurückgebliebener Jakob, wie nötig mein ‚Versuch über den Frieden in Europa' ist? Vorausdenken, Furly, nicht wahr? Das Reich Gottes im Blick haben, nicht wahr, George Fox?"

Und eines Abends, nachdem er wieder einmal im Garten auf und ab gegangen war, läuft er plötzlich in die Stube zurück, nimmt einen neuen Bogen Papier und beginnt zufrieden schmunzelnd einen – seinen! – europäischen Paß zu entwerfen:

William Penn
Quäker, Europäer
wohnhaft in England

„Was soll das?" murmelt er vor sich hin. „Bin ich nicht auch Amerikaner? Ach, ich denke viel zu eng – viel zu beschränkt!" Und er schreibt:

William Penn
wohnhaft in England und Amerika
Bürger dieser Erde
Mitarbeiter am Reiche Gottes
in Pennsylvanien!

24

Endlich haben die hartnäckigen Appelle Penns an seine einflußreichen Freunde bei Hofe Erfolg. Dank seiner militärischen Fortschritte gegen Jakob in Irland ist der König ohnehin geneigter, seinen Gegnern zu verzeihen, besonders solchen wie Penn. Gehört doch Penn zu der Gruppe, die – wie dem König von vertrautester Seite bestätigt wurde – in Jakob mehr den Vertreter des angestammten Königshauses als etwa den Katholiken gesehen hat.

Es ist schwierig gewesen, beim König den Verdacht republikanischer Neigungen William Penns auszuräumen. Sprach in dieser Hinsicht nicht die Verfassung Pennsylvaniens eine deutliche Sprache? Und das für einen König, dem die pazifistischen Quäker ohnehin ein Dorn im Auge waren! Doch schließlich ließ er sich bewegen, Penn „gnädig" zu sein. Er befahl, seinem Untertanen Penn die Nachricht zukommen zu lassen, daß er – der König – ihm wohlgesonnen sei.

Penn ist nun endgültig frei und kann sein Versteck in Yorkshire verlassen.

Sofort macht er Pläne, nun endlich nach Pennsylvanien zurückzureisen. Mit Gulielma und den Kindern! Wenn Guli diese gute Nachricht hört, wird sie gewiß schnell gesund werden. Ist er doch frei – erfüllt von neuen Hoffnungen!

Auf dem Wege von Yorkshire nach Bristol kehrt er da und dort bei Quäkerfreunden ein, predigt freudig und voller Zuversicht in ihren Versammlungen. Der Freie, der Tatkräftige, der Neugeborene! Kopf und Herz erfüllt von heller Zukunft, reist er weiter nach Bristol und – findet Gulielma erschöpft und elend, dahinschwindend, ergeben in ihr Ende.

Woche um Woche zieht sich die Krankheit hin, erlischt das Leben Gulielmas. Dann bittet sie eines Tages, die Kinder zu sehen: den ältesten Sohn Springett, Lätitia und William. Und schließlich will sie mit ihrem Mann allein sein. Drei Stunden bevor sie stirbt.

„Erzähle mir, wo es hingeht", bittet Guli lächelnd.

„Ich weiß nicht", erwidert William, „ob das Hier und das Drüben nicht große Ähnlichkeit miteinander haben. Du kennst die Geschichte von den beiden Mönchen, die sich fragen, wie es sein wird, wenn Gott sie von der Erde abruft und das Tor der Ewigkeit vor ihnen aufgeht. Die Legende erzählt, der eine, der zuerst gestorben war, habe dem anderen in nur zwei Wörtern berichtet: Völlig anders! Ich habe diese Geschichte nie recht leiden mögen."

Guli drängt. „Aber wie wird es sein?"

„Weißt du", sagt William, „ich habe nie daran geglaubt, daß Gottes Reich eine Sache allein für da ‚drüben' ist."

„Ach", seufzt Guli, als sei sie unzufrieden mit dieser Antwort.

„Nein", erklärt ihr William, „es ist viel einfacher. Das Licht in uns wird nicht erlöschen. Wer hier Zwiesprache mit Gott gehalten hat, wird nicht in ein fremdes Land reisen. Aber, wie die Heilige Schrift sagt, wir sehen hier Gott und unser eigenes Leben und alles Geschehen und Tun nur in einem Spiegel. Rätselvoll oft! Dann aber, von Angesicht zu Angesicht, wird alles klar und deutlich erkennbar."

„Das wird gut sein", sagt Guli.

„Das eben ist unsere Hoffnung, unsere sichere Hoffnung", sagt William, „Gott nahe zu sein, zu wissen, warum er bei seinen Kindern Leid zuläßt; zu fragen, ob er nicht selbst unter unserem Leid leidet; zu erfahren, was der Sinn der Dinge, der Zeit, der Welt, der Geschichte ist. Hier ist alles so undeutlich, nicht wahr? Aber es muß wunderbar sein, aus dem irdischen Reich Gottes, das von der Luft der Erde und von unserem Menschsein ganz beschlagen ist, hinüberzugehen in die Klarheit ..."

Penn hält inne. Lange Zeit sitzt er still auf dem Stuhl neben Gulielmas Bett. Dann, als er spürt, daß Guli gegangen ist, erhebt er sich und geht langsam aus dem Zimmer zu den Kindern und Freunden.

Gulielma wird an der Seite ihrer fünf Kinder beigesetzt, die schon bald nach ihrer Geburt gestorben waren. Der Vater fährt mit Springett, Lätitia und William nach Worminghurst in Sussex. Das weitläufige Anwesen scheint nun leer und sinnlos.

Da wirft eine schwere Krankheit William nieder. Wehrlos fühlt er sich ihr ausgeliefert, kann kaum Widerstand gegen sie entwickeln. Da ist es Springett, der – nun neunzehnjährig – ihm Trost und Hilfe bietet. Mit ihm und für ihn beginnt William Penn jetzt Pläne zu schmieden: Springett soll einmal sein Nachfolger in Pennsylvanien werden!

Doch die tödlichen Krankheiten, die in der Familie Penns schon so oft reiche Ernte gehalten haben, wählen sich bereits ihr nächstes Opfer: Springett, zart und feinfühlig, erliegt einer einfachen Erkältung. Nach einer winterlichen Ausfahrt mit der Kutsche kehrt er völlig erschöpft nach Hause zurück und muß sich zu Bett legen. Er stirbt am nächsten Tag.

William schreibt an einen Freund:

„So endete das Leben meines lieben Kindes, meines ältesten Sohnes, der mein Trost und meine Hoffnung war. Er war ein ungewöhnlich zartfühlender und pflichteifriger, ein sehr kluger und tugendhafter junger Mann gewesen – sofern ich so etwas von meinem eigenen Kind sagen darf. Mit ihm habe ich alles verloren, was überhaupt ein Vater an einem Kind verlieren kann, weil er alles in sich besaß, um ein ehrenhafter Mensch zu werden – mein Freund und Gefährte und mein sehr geliebtes Kind."

25

Eine tiefe Sehnsucht nach Ruhe und Frieden erfüllt William Penn. Seine ganze Hoffnung richtet sich nun auf Pennsylvanien. Pennsbury, die Barke am Fluß, die Reisen zu Pferde durch das Land, die Besuche bei den Delaware-Indianern – all dies scheint ihm jetzt das letzte noch erstrebenswerte Ziel. Ungeachtet der drohenden Auseinandersetzungen mit Frankreich, ja, vielleicht gerade deswegen! Immerhin droht der englische

König, das waffenlose Pennsylvanien mit Gewalt in seinen Krieg zu zwingen.

An einer sofortigen Abreise nach Amerika hindert ihn nur eines – seine Geldnot. Sie leben nun zu dritt. Und Lätitia, die den Haushalt mit Umsicht führt, hat viele vernünftige Wünsche, was alles an Gerät nach Pennsylvanien mitgenommen werden sollte.

Penn führt mehrere Gespräche mit Philip Ford, der ihm rät, die irischen Besitzungen zu besichtigen; vielleicht könnte er ja dort noch retten, was zu retten ist, und auf diese Weise seine steigende Zinslast bei ihm, Ford, verringern. Auf Einnahmen aus Pennsylvanien sei ohnehin nicht zu hoffen.

In dieser Stimmung der Unentschlossenheit scheint es Penn ratsam, die Freunde zu sehen und aus der Zwiesprache mit ihnen Trost und Frieden zu gewinnen. Also entschließt er sich, noch eine kurze Reise durch die westenglischen Grafschaften zu unternehmen, bevor er England endgültig verläßt.

Seine Predigten haben an Tiefe und seelischer Kraft gewonnen. Seine Leidenschaft für Gott und seine Hingabe an die Menschen haben im geschriebenen wie gesprochenen Wort nun ihre reife Form gefunden. Von überall her kommen die Leute, um ihn zu hören. Bei der großen Quäkergemeinde in Bristol bleibt er lange. Hier war Gulis Heimat. Und oft besucht er auch das Haus des Leinenhändlers Callowhill, wo man ihn seit Jahren gut kennt.

Von einer seltsamen, freilich eher heiteren Unruhe getrieben, reist er von Bristol weiter über Bridgewater, Dorchester und Exeter nach London und dann zurück nach Worminghurst. Wie Lätitia meint, will er sich hier von der anstrengenden Predigtrundfahrt erholen und dann die letzten Vorbereitungen für Amerika treffen. Um so erstaunter ist sie, als der Vater zwischen all seinen Arbeiten und Plänen für Pennsylvanien nach einem Rezept über das Trocknen von Obst verlangt, das er in Toulouse kennengelernt und dem Grafen von Leicester weitergegeben hat – ein Rezept, auf das er plötzlich so großen Wert legt, als hinge die ganze Amerikafahrt davon ab.

Lätitia kramt die alten Kisten mit Manuskripten und Büchern um und um, sie schreibt an den Grafen, sie fragt bei Freunden und Bekannten an – bis sie das Rezept endlich in der Hand hat. Welch eigenartige Freude im Gesicht des Vaters, als er es schließlich sieht: Ja, das ist das Rezept!

Sofort setzt er sich hin und schreibt einen Brief an Thomas Callowhill in Bristol. Hiermit wolle er ihm das versprochene Rezept für seine Frau senden, und zugleich bitte er ihn, sie und Hannah, ihre Tochter, zu grüßen.

Lätitias Verdacht, genährt von ihrem weiblichen Instinkt, wird bestärkt, als mehr und mehr Briefe an Thomas und schließlich sogar direkt an Hannah Callowhill abgehen.

Die Post aus Bristol nach Worminghurst kommt spärlicher. Lätitia kennt das Ungestüm des Vaters. Also ist sie nun nicht besonders erstaunt, als er – statt nach Pennsylvanien abzureisen – eine weitere Predigtreise durch den Westen Englands in Angriff nimmt.

Hannah, die dreißigjährige Tochter des Thomas Callowhill, hat die schriftlichen Werbungen des inzwischen Fünfzigjährigen nur zurückhaltend beantwortet. Jetzt aber, als William Penn in Bristol in dem großen Wirtshaussaal predigt, als die Menschen zu Hunderten auf der Straße warten, nur um ihn auch hören zu können, als die Polizei in den Saal eindringt und den Predigenden mitten in seiner Ansprache verhaftet, ihn mit roher Gewalt vom Predigtpult herunterreißt und zum Bürgermeister zerrt, als der große, kräftige Mann ohne jeden Widerstand durch die schweigende betende Menge geht – in dieser Stunde wird die stille Hannah Callowhill in den Strudel des aufregenden Lebens William Penns gerissen.

Und doch – sie zögert, nachdem Penn Bristol verlassen hat und von seiner Predigtreise Briefe über Briefe an sie schreibt. Würde sie diesem nicht nur äußerlich aufwendigen, sondern auch geistig weit über ihren Gesichtskreis hinausreichenden Leben gewachsen sein?

Penn schreibt ihr: „Deine Wärme und deine tatkräftige Freundlichkeit sind tausendmal mehr wert als alle meine Bücher."

Lätitia redet Hannah in einem Brief mit „Liebe und verehrte Freundin“ an und schreibt dann in der gestelzten, umständlichen Ausdrucksweise ihrer Zeit: „Gib mir Erlaubnis, bitte, Dich mit jener wirklichen Liebe und Wertschätzung zu grüßen, die Du verdienst und die ich Dir immer entgegenbringen werde. Denn ich möchte gern, daß Du mir Glauben schenkst, wenn ich Dir mit meinen ärmlichen Worten schreibe, daß ich mit viel Vergnügen daran denke, wie fröhlich und glücklich ich in Deiner Gesellschaft sein werde, die ich, das darf ich wirklich sagen, jedem anderen Zusammensein vorziehe. Und wenn ich so kühn sein darf, möchte ich Dir sagen, wie ich vor zehn Monaten, als mein Vater zum ersten Mal von Bristol heimkam, bemerkte, wohin seine Neigung ging (was ich natürlich für mich behielt) und welch tiefe Zuneigung er für Dich empfand. Ich bemerkte es daran, wie er Deinen Charakter beschrieb und mit welchem Vergnügen er Dich immer wieder als Vorbild hinstellte.“

Der eheliche Bund mit Hannah Callowhill beflügelt Penns Tatkraft so sehr, daß er nun wirklich nach Irland reist, um das Geld für die gemeinsame Fahrt nach Pennsylvanien zu beschaffen. Dabei kann er sich den Bitten der Freunde nicht entziehen, auch nach Cork, Ross, Clonmell, Shanagerry und vielen anderen Orten zu kommen. Sie brauchen jemanden, der ihnen frischen Mut zuspricht. Hat doch der kriegerische Einfall Jakobs neue Leiden für die Katholiken wie für die Quäker gebracht.

Die Ländereien Penns befinden sich in einem elenden Zustand. Statt Anweisungen für die zukünftige Bewirtschaftung geben oder gar Berichte über die Erträge der vergangenen Jahre entgegennehmen zu können, muß Penn die jammervollen Erzählungen der Pächter und Bauern über ihr persönliches Leid, über geplünderte Viehbestände, über die Einquartierung französischer und schließlich englischer Soldaten, auch über die Räubereien umherziehender Banden anhören.

Als er nach Bristol zurückgekehrt ist, beschließen William und Hannah Penn, alles Geld, über das sie nur irgendwie verfügen können, heranzuschaffen, nach Amerika abzureisen und Pennsbury zu ihrem ständigen Aufenthaltsort zu machen.

26

Endlich ist es soweit! Am 3. September 1699 stehen William, Hannah und Lätitia Penn auf dem Deck der „Canterbury".

Als Penn auf die Pier zurückblickt, auf die engen Häuser des Hafenstädtchens Cowes, da kommt es ihm vor, als habe er sich durch einen Dschungel kämpfen müssen, um nun frei auf dem Schiff stehen und das erlösende Klirren der Ankerkette hören zu können.

Nicht länger die unheilvolle Luft von Whitehall atmen zu müssen! Nicht länger gegen all die Intrigen und Ränke ankämpfen zu müssen! Wie nutzlos erschien dagegen oft seine diplomatische Kunst! Und das alles nur, um die Anwürfe gegen sich und seine amerikanische Provinz zu entkräften! Die Anklagen gegen Markham; die Vorbehalte gegen den Pazifismus des Parlaments von Pennsylvanien; die Vorwürfe, daß die Provinzialregierung das Seeräuberunwesen nicht wirksam genug bekämpfe; den Tadel über – wie es hieß – die stillschweigende Duldung des ungesetzlichen Handels.

Penn spürt deutlich, daß der kriegerische Wilhelm III. alle diese Vorwürfe nur benutzt, um seine Provinz stärker in den Griff zu bekommen. Er spürt auch, daß irgendwelche Machenschaften in dieser Richtung im Gange sind. Nicht zuletzt aus diesem Grunde hat er sich in den letzten Monaten so nachdrücklich darum bemüht, einflußreiche Männer am Hofe für sich und seine Pläne zu gewinnen oder sich die Freundschaft und freundliche Zuneigung seiner ihm wohlgesonnenen Bekannten zu erhalten.

Er hat den Lords zugesagt, daß es gerade das Ziel seiner Reise nach Pennsylvanien sei, alle Unregelmäßigkeiten zu beseitigen, die sich während seiner Abwesenheit eingeschlichen hätten. So wolle er den Fall des Obersten Markham untersuchen und versuchen zu klären, wolle dem Provinzialrat die Frage einer militärischen Verteidigung vorlegen.

Zwar durchaus freundlich und höflich lächelnd, aber doch

sehr deutlich und unmißverständlich erhält Penn die Auflage, „mit aller dienlichen Eile sofort nach Eurer Ankunft Seiner Majestät über den Zustand der Provinz und alle anhängigen Gegenstände Bericht zu erstatten".

Und da ist ja auch noch dieser andere Dschungel, durch den sich Penn vor seiner Abfahrt hat hindurchschlagen müssen – dieses nicht mehr zu entflechtende Gestrüpp der Rechnungen, Quittungen, Bestätigungen, Urkunden, die ihm sein Sekretär vorlegte. An jedem Tag neue, an jedem Tag mehr!

Nur wenige Tage vor seiner Abreise von London nach Cowes hatte er Philip und Bridget Ford besucht, hatte einen angenehmen Nachmittag bei ihnen verbracht. Doch als er sich erhob, sich verabschieden wollte, hatte Ford ihn gebeten, ihm einen Teil seiner inzwischen auf mehr als 12 000 Pfund angestiegenen Schulden zu begleichen.

„Wie denn?" hatte Penn erstaunt gefragt, „sind wir denn Geschäftsleute so wie alle anderen auf dieser Welt? Alles, was du mir vorlegst, sind doch bloß Aufrechnungen über Beträge, die ich dir schuldig sein könnte, nicht wahr?"

Doch Ford hatte erwidert: „Das hier sind alles Papiere, die nachweisen, unter welchen schwierigen Umständen ich versucht habe, deine irischen Güter in Ordnung zu bringen, wie ich den riesigen Papierkrieg bewältigt habe, der mit dem Erwerb und der Entwicklung Pennsylvaniens notwendig geworden war."

Erregt hatte Penn seine Hand auf die vor ihm gestapelten Blätter gelegt.

„Nicht eine dieser Rechnungen, oder was das auch immer sein mag, habe ich nachgeprüft."

„Du kannst es tun", hatte Ford erwidert. „Aber du willst abreisen. Entsinnst du dich des Schriftstücks, das du mir einmal unterschrieben hast und in dem steht, daß mögliche Irrtümer in den Rechnungen zu gegebener Zeit richtiggestellt werden sollten?"

„Und die Zeit ist jetzt gegeben? Jetzt, wo ich abreisen will?" hatte Penn etwas verwirrt gefragt. „Laß das Schriftstück noch weiter gelten, mein Freund, der Augenblick ist ungünstig."

Bridget hatte das Gespräch unterbrochen und Penn höflich aufgefordert: „Wollt Ihr Euch nicht setzen?"

„Nein, nein", hatte Penn hastig gesagt, „ich habe vor meiner Abreise noch unendlich viel zu tun" – und zu Philip gewandt: „Wie viele Unterschriften, mein lieber Freund, habe ich dir eigentlich schon gegeben?"

Und lachend hatte er noch hinzugesetzt: „Habe ich dir nicht damals, als es bei mir um Tod und Leben ging, mein ganzes Pennsylvanien zugeschrieben? Aber jetzt, wo sich die Verhältnisse so grundlegend gewandelt haben, würdest du doch auf jenes Papier nicht zurückkommen wollen? Oder? Jetzt ist doch alles anders als damals ..."

Ford hatte Penn nicht angesehen. „Heute, mein lieber William", hatte er schließlich gesagt, „heute geht es um diese Rechnungen hier, um mögliche Irrtümer! Irrtümer, die es vielleicht gar nicht gibt ..."

„Aber ich habe doch meine Schriftstücke, meine Abschriften und all das nicht hier", hatte Penn ungeduldig gerufen. „Und überhaupt – diese Dinge sind doch im Augenblick völlig unwichtig für mich."

Aber da hatte Ford rasch den Kopf gehoben und dann laut, ja verärgert gerufen: „Für mich sind sie nicht unwichtig! Außerdem – haben sich die Verhältnisse seit deinem Toweraufenthalt wirklich so entscheidend gewandelt? Der regierende König heißt – wie dir ja bekannt ist – Wilhelm. Wie steht er zu dir? Ist er dir wohlgesonnen? – Nun ja", hatte er in ruhigerem Ton eingelenkt, „ich selbst bin auch nicht mehr gesund. Und du gehst auf eine Reise über den Ozean, die durchaus gefährlich ist. Zu dir, lieber William, habe ich ja auch Vertrauen. Aber was werden die tun, die nach dir kommen? Werden sie auch so vertrauenswürdig sein wie du? Ich will nicht, daß die Familie Penn eines Tages alles, was Bridget und ich uns in langsamer und unermüdlicher Arbeit erworben haben, an sich reißt und uns nackt und bloß auf der Straße stehen läßt."

„Ja, was willst du denn von mir?" hatte William darauf lachend gefragt. „Soll ich die Urkunde zerreißen, in der steht, daß in deinen Rechnungen Irrtümer möglich sind? Oder soll ich bestätigen, daß ich alle deine Rechnungen geprüft und keinen Fehler gefunden habe? Das wäre doch eine Lüge!"

Ford hatte einen raschen Blick mit Bridget, seiner Frau, gewechselt. Dann war er nahe an den Tisch herangetreten, und indem er seine Hand freundlich auf Penns Arm legte, hatte er gesagt: „Aber, lieber Freund, nie würde irgendein Sterblicher davon erfahren. Laß uns in gewohnter Vertraulichkeit über diese unangenehmen Rechnungen reden. Hier habe ich eine Urkunde vorbereitet, mit der du im Grunde nichts weiter bestätigst, als daß meine Forderungen an dich berechtigt sind. Etwa so, wie du es eben lachend gesagt hast."

„Indem ich unterschreibe, daß in deiner gesamten Buchführung weder Irrtümer noch Fehler vorhanden sind?"

„Wir könnten verhindern", hatte sich nun Bridget eingemischt, „daß du Anfang September nach Amerika abreist. Wir brauchen dazu nur in England und Pennsylvanien die Höhe deiner Schulden und den Wortlaut einiger Dokumente zu veröffentlichen."

„Bridget meint", hatte Ford darauf beschwichtigend eingeworfen, „das könnten wir im äußersten Fall tun. Schließlich geht es um unsere Sicherheit. Wenn dir nun etwas zustoßen sollte ..."

Bridget hatte sich inzwischen an den Tisch gesetzt. Fast im Plauderton hatte sie William wissen lassen:

„Ich könnte mir vorstellen, daß ein Aufschub der Reise nach Pennsylvanien, vielleicht sogar ein völliger Verzicht darauf am königlichen Hofe peinliches Aufsehen erregen würde. Man spricht ja davon, daß sich der König dafür interessiert, die amerikanischen Provinzen zu Kronländern zu machen."

William Penn hatte sich langsam wieder gesetzt.

Ja, ging es ihm durch den Kopf: Der König denkt daran, die amerikanischen Provinzen zu Kronländern zu machen. Das ist es ja! Ich werde drüben gebraucht. Der drohende Krieg gegen die Franzosen! Meine indianischen Freunde! Hannah erwartet ein Kind! Nein, auf keinen Fall: Nicht die Abfahrt noch einmal verschieben! Noch würde ihr die lange Überfahrt keine Beschwerden machen. Wir müssen reisen! Wir müssen jetzt reisen!

„Da kann dann wohl nur noch Gott helfen", hatte er laut gesagt, die Feder genommen und unterschrieben.

„Nun ist Ordnung in allem", hatte Ford erleichtert aufgeatmet. „Du kennst mich ja! Ich kann es nicht ertragen, wenn die Dinge unklar bleiben."

„Ich weiß", hatte Penn freundlich bestätigt. „Gerade das habe ich immer an dir geschätzt und bewundert. Mich befremden nur immer wieder diese Geschäftspraktiken, weil ich nicht vom Geschäft, sondern vom Menschen her denke."

Ford hatte freundschaftlich gelacht. Und so waren sie voneinander geschieden.

Drei Monate dauert die Reise. Dann gehen die Penns in Chester an Land.

William Penn ist während der fünfzehn Jahre seiner Abwesenheit fast zu einer Legendengestalt in Pennsylvanien geworden. Die vielen Menschen, die am Ufer des Delaware stehen – Farmer, Trapper, Indianer, Frauen und Kinder –, lassen Penn mit ihrem begeisterten Empfang fast vergessen, was an Bedrückendem hinter ihm liegt.

Die ersten Tage in Chester, in Philadelphia und schließlich die Ankunft in Pennsbury sind voller Glück. William Markham, Thomas Holme, James Logan und die vielen anderen Freunde – alle zeigen ganz offen ihre Freude, ja ihre Erleichterung darüber, daß er nun wieder bei ihnen ist.

Die glückliche Veranlagung Penns, der Gegenwart zu leben und auf die Zukunft zu hoffen, dabei aber die Dunkelheiten der Vergangenheit zu vergessen, lassen die beklemmenden Szenen der letzten Wochen in England in den Hintergrund treten. Penn will nicht mehr daran denken: an die Intrigen des englischen Hofes und schon gar nicht an die alberne Urkunde, in der er bestätigt, daß alle Aufzeichnungen und Aufrechnungen seines Sekretärs korrekt und zutreffend sind. Jetzt ist er in Pennsylvanien! Und Pennsylvanien braucht ihn!

Mit Oberst Robert Quary freilich hat er nicht gerechnet.

27

Unter den angesehenen Persönlichkeiten, die den Gouverneur der Provinz in Chester begrüßen, befindet sich auch ein gedrungen wirkender Mann in der bunten, kleidsamen Uniform des Seeoffiziers. Unter dem blauen Hut dichtes, schwarzes Haar. Doch man kann sich des Eindrucks nicht erwehren, daß er eine Perücke trägt.

Erst vor einem Tag ist er aus New York gekommen, und zu Penns allergrößtem Erstaunen wird er ihm als der Oberste Richter der Admiralität in Pennsylvanien vorgestellt.

„Es gibt doch gar keine Admiralität in Pennsylvanien", stellt Penn verwundert fest.

Ohne auch nur eine Miene zu verziehen, freilich auch ohne im geringsten seinen Widerwillen gegen die schwarzgekleideten Quäker ringsum zu verhehlen, erwidert der Gentleman in der Seeoffiziersuniform: „Meine Gegenwart ist doch wohl ein ausreichender Beweis dafür, daß es eine königliche Admiralität in Pennsylvanien gibt."

„Ich habe deinen Namen nicht verstanden", sagt Penn freundlich.

„Oberst Robert Quary, wenn es Euch beliebt."

Darauf Penn: „Danke, Robert Quary! Wir werden uns gewiß noch miteinander zu unterhalten haben."

„Das glaube ich auch", antwortet Quary.

Penn schreitet die Reihe der Begrüßenden weiter ab.

„Oh, Sachem Taminent, mein Freund", ruft er nun erfreut. „In den fünfzehn Jahren habe ich alles Delawarisch vergessen. Aber du hast Sorgen, mein Lieber. Ich sehe es durch dein Lächeln hindurch. Nun, du wirst mich in Pennsbury besuchen, nicht wahr?"

„Und du bist Nathanael Crispin. Ich danke dir, daß du gekommen bist. Und auch dich grüße ich, Lasse Kock."

Von Chester aus reist Penn nach Philadelphia. Voller Stolz zeigt er Hannah und Lätitia das schöne Land, die neuen Häuser, die steilen Ufer des Delaware und schließlich Philadelphia, nach Boston die zweitgrößte Stadt in der Neuen Welt.

Hannah schreibt an ihren Vater Thomas Callowhill:

„Man spürt, daß diese Stadt Philadelphia Williams Gedanke ist. Klare, gerade Straßen wie auf einem Schachbrett. Und doch sieht die Stadt an keinem Punkt langweilig aus, weil alle Häuser Vorgärten haben, Sträucher und Bäume, Blumenbeete, Veranden und Lauben. Eine grüne Stadt! Und was für ein Leben! Da sind Einkaufsläden und Märkte, Kirchen, Schulen und unsere Gemeindehäuser. Mir kommt es vor, als hätte William alles selbst gebaut und in Gang gesetzt.

Nun, er steckt mitten in seiner Politik. In irgendwelchen Versammlungen und Sitzungen, bei irgendwelchen Räten. Was weiß ich, wie sie alle heißen und an welchen Stellen er überall gebraucht wird. Kaum kann ich mir die Namen der Nachbarprovinzen merken, die er der Reihe nach besucht.

Für ihn und uns ist Pennsbury der Ort, wo wir Ruhe haben und uns erholen können. Wie freuen wir uns alle, wenn William in seiner Barke von Philadelphia kommt, am Fluß anlegt und wir ihm durch die Pappelallee entgegenlaufen.

Meist kommt er mit Freunden oder mit hochgestellten Gästen. Lätitia und ich haben Spaß daran, das schöne Haus mit seinen Eichenmöbeln, den Satinvorhängen, mit dem vielen Zinngeschirr, dem Silber und Porzellan in Ordnung zu halten.

Am schönsten ist es, wenn Williams indianische Freunde kommen. Dann ist plötzlich eine Atmosphäre der Ruhe, fast des Schweigens im Hause. Ich weiß gar nicht, weshalb wir dann alle leiser sprechen und weshalb selbst William weniger erregt scheint. Seine und wohl auch meine Bewegungen sind dann ruhiger, entspannter, wenn diese delawarischen oder irokesischen Männer im Hause sind.

Sobald das politische Leben zuviel an Ärgernissen auf William ausschüttet, steigt er auf seinen Tamerlan, nimmt seine Geländeskizzen und den Kompaß, den er sich aus Holland hat schicken lassen, und reitet los. Ich muß atmen, sagt er zu mir, und dann weiß ich, daß er drei, vier Tage lang im Land umherstreifen wird. Er erforscht Flüsse und Berge, übernachtet in den Indianerdörfern, und kommt er endlich heim, ruft er schon von weitem: Ich bin wieder gesund! – und steigt am nächsten Tage in die Barke, um in das turbulente Leben von Philadelphia zurückzukehren.

Was hängt ihm aber auch alles an!

Eine wirklich schlimme Sache ist die Seeräuberei. Die Leute, die Penn übelwollen, behaupten, daß die Seeräuber in Philadelphia die schönsten Häuser besitzen und daß William Markhams Tochter einen der schlimmsten Piraten, einen gewissen James Brown, geheiratet hat. Man kann es kaum glauben, was für dumme Gerüchte umherschwirren! Nur, um den Quäkern zu schaden. Ich weiß jedenfalls von William, daß unser Parlament sehr strenge Gesetze gegen die Seeräuberei und den Schmuggel erlassen hat und daß auch die Küstenwacht auf dem Delawarestrom verstärkt worden ist.

Dennoch wäre es sicherlich leichter für William, wenn nicht dieser Oberst Quary in allem seine Finger hätte. Vor kurzem hat man einen Piraten namens Kidd gefangengenommen und sein ganzes Schiff aufgebracht. Quary verlangte im Namen des Königs, daß Kidd auf unsere Kosten zur Verurteilung nach England transportiert wird. Die gesamte Piratenfracht aber sollte an den König fallen. Penn mußte mehrere Tage darum kämpfen, daß Pennsylvanien die Beute behalten konnte und Kidd ins Arbeitshaus gesteckt wurde. Das war ein harter Brocken für Quary, der den Seeräuber am liebsten eigenhändig aufgehängt hätte.

Trotz all dieser Mißlichkeiten, lieber Vater, führen wir ein gutes Leben. Möge Gott uns davor bewahren, daß die schwelende Kriegsgefahr zwischen Frankreich und England in einen offenen Krieg mündet. Unserem kleinen Thomas geht es wohl. William ist glücklich, daß er nun einen richtigen Amerikaner zum Sohn hat."

28

In diesen Jahren wagt sich William Penn mit seinen kühnen Gedanken wieder einmal weit über die Vorstellungswelt seiner Zeitgenossen hinaus. Alle Rücksichten auf die Autoritäten der damaligen Welt, auf das Interesse der Fürsten und auf den Kleingeist des Bürgertums läßt er hinter sich und versucht, das enge Denken der europäischen Einwanderer zu durchbrechen und statt dessen neue, weitreichende Ideen in die Tat umzusetzen – wie sie der Größe des amerikanischen Kontinents entsprechen. In diesem Sinne regt er eine Konferenz der vier Regierungen von New York, Massachusetts, Virginia und Pennsylvanien an.

Die Gouverneure treffen sich in New York.

„Jede unserer Provinzen", erklärt hier Penn, „ist ein Staat für sich, aber ein Miniaturstaat. Wollen wir eigentlich immer weiter die europäischen Maßstäbe an unser politisches Denken legen? Lediglich die Tatsache, daß wir englische Kolonien sind und damit dem englischen König verantwortlich, verbindet uns miteinander. Wollen wir aber unserem Mutterland wirkliche Hilfe leisten, müssen wir wirkungsvoller handeln, sicherer dastehen oder – schlicht gesagt – ein mächtigerer Partner sein. Die Kleinstaaterei unserer Provinzen macht uns politisch, rechtlich und wirtschaftlich zu ohnmächtigen Gebilden. Und das in einem Jahrhundert, in dem sich der Erdkreis durch Entdeckungen und Erfindungen ausweitet und der Mensch gezwungen ist, neue, größere Ordnungen, freiere Ordnungen im gesellschaftlichen und politischen Leben zu schaffen."

„Mir scheint aber", unterbricht ihn Graf Bellomont, „Pennsylvanien ist wirtschaftlich gar kein so ohnmächtiges Gebilde, wie Ihr behauptet."

„Nun gut", erwidert Penn lachend, „aber vier Provinzen gemeinsam sind stärker als vier getrennte Provinzen. *Wir* haben Tabak, Pelze und Mehl, und *ihr* habt Holz und Fische und Gemüse."

Der Vertreter von Virginia streckt seine Hand aus, in der er eine duftende Zigarre hält: „... und wir *noch* besseren Tabak!"

„Also könnten wir Mais statt Tabak anbauen", sagt Penn. „Weg also mit den Zöllen! Unsere vier Provinzen sollten ein gemeinsames Handelsministerium errichten, eine gemeinsame Währung einführen, die gesamte Verwaltung koordinieren, damit Handel und Wandel über die Grenzen hinweg leichter und ungehinderter möglich sind."

Im Laufe der Gespräche und Verhandlungen rückt Penn schließlich mit dem Gedanken heraus, den er seit Monaten mit sich herumträgt, den er immer wieder hin und her gewendet hat.

„Ich schlage vor, Whitehall den Plan zu unterbreiten, daß unsere Provinzen sich zu einer Union verbünden, der auch andere Provinzen beitreten können."

Aufmerksam blickt er die drei Gouverneure an – einen nach dem anderen –, und als er nur Nachdenklichkeit, allenfalls freundlich-spöttische Überraschung in ihren Mienen liest, aber keine Ablehnung, beginnt er seinen Plan zu erläutern.

„Neben der Förderung von Handel und Verkehr wäre eine Zusammenarbeit der Gerichte vonnöten, damit flüchtige Übeltäter in dem gesamten Gebiet der Union gefaßt und abgeurteilt werden könnten. Wie würde dies den Kampf gegen die Seeräuberei erleichtern!

Grenzschwierigkeiten ließen sich schnell aus der Welt schaffen. Wie glücklich wäre ich, wenn Maryland Mitglied einer solchen Union würde! Dann wäre es doch völlig gleichgültig, ob unsere Grenze wirklich der 40. Breitengrad ist und ob Poole's Island zu Pennsylvanien oder zu Maryland gehört!"

„Denkt Ihr etwa auch an ein gemeinsames Parlament?" ruft der Vertreter von Massachusetts. „Da würdet Ihr bei uns auf keine Gegenliebe stoßen. Wir sind nämlich froh, unser Provinzialparlament endlich unter Dach und Fach zu haben."

„Die Provinzialparlamente sollen nicht angetastet werden; ebensowenig die inneren Angelegenheiten einer jeden Provinz! Ich denke da an Straßenbau, Schulen, Ansiedlung von Handwerk und Handel und solche Dinge. Ich meine aber, daß es ein ungemeiner Fortschritt zu gestärktem Handeln und intensiverer Arbeit wäre, wenn jede Provinz zwei Deputierte in eine gemeinsame Körperschaft schickte – man könnte sie Kongreß nennen – und diese Versammlung, im Augenblick also acht Männer, über wichtige Fragen von Handel und Verwaltung, Zöllen und Währung, von Grenzziehung und Gerichtswesen entscheiden ließe. Alles Dinge, die das Wohl dieser vier Provinzen fördern könnten."

Der Graf von Bellomont darauf spöttisch: „Es ist Euch sicher nicht aufgefallen, Mr. Penn, daß Ihr eben die Frage des Militärs vergessen habt! Wie würde sich Euer Pennsylvanien dazu stellen? Ich fürchte, daß wir anderen drei nicht gewillt sind, Eure reiche Provinz mit unseren Soldaten gegen die Franzosen und ihre verbündeten Indianer zu verteidigen, falls Pennsylvanien nicht auch seinen Beitrag an Waffen und Soldaten leistet."

„Hier liegt in der Tat eine Schwierigkeit, Bellomont", sagt Penn ernst. „Ich sehe allerdings die Aufgabe des Kongresses mehr darin, den Frieden zu erhalten, als einen Krieg zu beginnen."

„Denkt Ihr etwa, wir wollten einen Krieg beginnen?" rufen die anderen entrüstet.

„Würdet Ihr ihn auch vermeiden?" fragt Penn laut und schnell. „Und zwar mit allen nur erdenklichen Mitteln vermeiden? Verhandlungen anstreben zu einem Zeitpunkt, wo jeder andere schon zu den Waffen gegriffen hätte? Immer neue Angebote für eine friedliche Lösung unterbreiten? Zum Beispiel jetzt – jetzt, wo noch alle Möglichkeiten offen sind, um die Freundschaft mit Indianern und Franzosen zu suchen?"

„Mit den Franzosen?" fragt der Mann aus New York. „Vorsicht, Vorsicht, Quäker Penn! Mit Ludwig XIV.?"

„Außerdem sind unsere Verwicklungen hier nichts anderes als die Folge eines Krieges in Europa", gibt der Gouverneur von Virginia zu bedenken.

„Muß das so sein?" fragt Penn.

„Oho, wollt Ihr über einen Krieg des englischen Königs

gegen Frankreich hinwegsehen, keine Notiz von ihm nehmen, als ginge er uns nichts an?"

„Die Lage hier in Amerika ist völlig anders als in Europa. England liegt auf einer Insel, fast unangreifbar! Hier bestehen die Grenzen – aber kann man das überhaupt Grenzen nennen? – aus unendlich großen Gebieten Wildnis, Steppe, Wald, aus kaum betretenem Land! Nicht einmal ein Heer von Tausenden und Zehntausenden könnte das alles verteidigen.

Die Aufgabe unseres Kongresses – ich nehme einmal an, es gäbe diesen Kongreß bereits –, seine Aufgabe wäre es, Whitehall, Quebec und auch Paris zu einer Politik der Vernunft zu bewegen, und zwar mit allen diplomatischen Mitteln. Und, meine Freunde, ist nicht Pennsylvanien ein Beispiel dafür, wie weit man mit einer Politik des Friedens kommen kann? Dies sollte, äußerlich wie innerlich, der gesamten Union zugute kommen."

„Ihr habt recht, Mr. Penn", stimmt Bellomont zu. „Ich heiße Euern Plan gut! Fertigt ein Schriftstück, das den Vorschlag einer Union bis in alle Einzelheiten begründet. Ich werde es unterschreiben. Und die anderen Herren?"

„Es ist gut so", antworten die anderen Gouverneure. „Man wird diese Fragen in den Provinzen diskutieren. Der Vorteil einer Union ist ganz offensichtlich."

Danach unterbreiten die vier Gouverneure dem englischen König ihren Vorschlag, eine Union ihrer vier Provinzen zu bilden, und bitten ihn, diesem Plan seine Zustimmung zu erteilen.

Doch kaum ist Oberst Quary dieser Plan bekanntgeworden, als er auch schon Schritte unternimmt, den König „über den wahren Charakter dieser Union" aufzuklären.

In seinem Bericht an den König schreibt er:

„Jede Kolonie hier in Amerika, und zwar jede in ihrer besonderen Weise, hat eine Menge Menschen aufgenommen, die in irgendeiner Hinsicht mit den Zuständen in Europa nicht zufrieden waren. Das heißt, es waren oft aufrührerische Elemente: Mennoniten, Quäker, entlassene oder entlaufene Strafgefangene, politische Revolutionäre, Abenteurer! Und das sind immer noch die besten Leute!

Penns Vergangenheit ist bekannt. Bei ihm kommt erschwerend hinzu, daß er Pazifist ist, daß er mit allen Indianern Freundschaft hält, daß er trotz allem Gerede vom Frieden mit unserer Provinz Maryland in dauerndem Streit wegen lächerlicher Grenzziehungen steht, daß er Strafgefangene nicht mit Gefängnis, sondern mit ‚Arbeit' bestraft. Sogar einen Mörder hat er begnadigt, den jedes englische Gericht zum wohlverdienten Tode verurteilt hätte, und gegen die Seeräuber geht er mit nur schlecht verborgener Duldsamkeit vor. Nun setzt er allem die Krone auf, indem er seine abseitigen Quäkerideen auch in der von ihm vorgeschlagenen Union durchsetzen will. Ich könnte noch viele solcher Dinge nennen!

Nur eines noch, um die Gefahr deutlich zu machen, die sich von Pennsylvanien wie eine Krankheit verbreitet: Das Parlament Pennsylvaniens hat zwar – und Eure Majestät werden das mit Genugtuung vermerkt haben – eine Steuer für militärische Maßnahmen ausgeschrieben. Diese Steuer, ein zusätzlicher Penny auf ein Pfund der üblichen Steuern, ist aber nie für Kriegs- oder Rüstungszwecke nach England geflossen oder in Pennsylvanien dafür verbraucht worden. Ich habe außer mir nie einen Soldaten in Pennsylvanien gesehen! Nach meinen Informationen sind diese Steuern als finanzielle Unterstützung an die Indianer in den anderen Provinzen gezahlt worden, die – so behaupten die Freunde Penns – britische Verbündete sind. Freilich kann niemand nachweisen, daß nicht auch Indianer, die französische Verbündete sind, von diesem Geld der allgemeinen Menschenliebe genossen haben."

Dem König – William Penn gegenüber ohnehin von stetem Mißtrauen erfüllt – erscheint die mögliche Union der amerikanischen Provinzen nicht als ein mächtiger Verbündeter, sondern eher als mächtiger Gegner. Ihm ist es lieber – getreu der Devise „Teile und herrsche" –, es mit mehreren Einzelprovinzen zu tun zu haben als mit einem Block von vier oder mehr Provinzen.

Ohnehin sucht er längst nach einer Gelegenheit, die kolonialen Erfolge Frankreichs in der Neuen Welt mit Waffengewalt aufzuhalten, wenn möglich zurückzudrängen. Wäre es da nicht mehr als hinderlich, wenn eine oder gar mehrere Provinzen mit pazifistischen Gedanken daherkämen und ihm Soldaten und Waffen für einen Krieg in dieser Neuen Welt verweigerten?

Wilhelm III. lehnt also die Bitte der vier Gouverneure ab, eine Union bilden zu dürfen.

29

Oberst Quary hatte sich inzwischen in Philadelphia niedergelassen. In der Stadt und in der ganzen Provinz hatte er verkünden lassen, daß er auf Weisung des Königs sein Amt als „Richter des Hohen Gerichts der Admiralität in Pennsylvanien“ angetreten habe, daß seine Tür jedem Bürger offenstehe und daß er – weil er der englischen Krone unmittelbar verantwortlich sei – jedem berechtigten Wunsche der Kolonisten in London Gehör verschaffen könne.

Die meisten Bewohner der Provinz, einfache und redliche Leute, konnten mit dem gewaltigen Titel des Obersten nichts anfangen. Viele scheuten sich vor einem so großen Herrn. Andere wieder, die über ihn näher Bescheid wußten, hätten es für eine Schande gehalten, an Quarys Tür zu klopfen; eines Mannes, mit dem sich ein ehrlicher Pennsylvanier, der dem Kolonistenparlament Vertrauen schenkte, nicht einließ.

William Penn erfährt von James Logan, in welch isolierter Lage sich Quary befindet. Er beschließt, das längst fällige Gespräch mit ihm zu führen, und sucht ihn auf.

„Die Stellung eines Obersten Richters der Admiralität in meinem Lande ist sicher nicht beneidenswert“, beginnt William Penn das Gespräch. „Aber nun ist sie einmal eingerichtet – sollte man da nicht versuchen, zum Besten der Provinz zusammenzuarbeiten?“

Quary lacht höhnisch auf.

„Reden wir nicht von Zusammenarbeit, Herr Gouverneur! Gibt es in diesem Lande Zusammenarbeit? Unter Quäkern? Die Erfahrung macht Ihr doch selbst seit Jahren, wie es in Euerm Musterstaat mit der Gemeinsamkeit aussieht. Da ist die Parlamentspartei! Ständig in sich selbst zerstritten! Dann der Provinzialrat! Welchen seiner Gesetzesvorschläge hat das Parlament eigentlich angenommen? Die Pächter wiederum möchten am liebsten von beiden nichts wissen. Die wollen nur verdienen und möglichst wenige Steuern zahlen. Und über allen Zänkereien thront Ihr, der Gouverneur, der mit lächerlichen 2000 Pfund abgespeist wird, damit er repräsentieren kann. Ach, geht mir doch mit Eurer Zusammenarbeit!“

„Du hast recht, Robert Quary. Leider! Aber die Menschen müssen es nach meiner Meinung erst lernen, miteinander auszukommen, müssen lernen, Kompromisse zu schließen. Warum aber machst du die ganze Sache jetzt noch schlimmer, indem du so eine Art neue Partei gründest, in der sich die Leute der Kirche von England und alle Quäkergegner vereinen, nur um den Geist der Intoleranz in unsere Provinz zu tragen?“

Robert Quary schlägt seine kurzen Beine in der engen weißen Uniformhose übereinander, stemmt die Faust auf das Knie und erwidert: „Ich habe keine Angst vor dem Wort Intoleranz. Im Gegenteil! Intoleranz ist die Fähigkeit, seine Meinung zu behaupten und gegen diejenigen durchzufechten, deren Meinung man für falsch oder gar gefährlich ansieht.“

„Falsch oder gefährlich!“ unterbricht ihn Penn erregt. „Wer entscheidet das? Du, Quary, bist der Meinung, in Pennsylvanien sollte es nur *eine* Möglichkeit der Religionsausübung geben, nämlich die der Kirche von England. Alle anderen seien falsch oder gefährlich. Wenn du dir nur einmal die Mühe machtest, die anderen Möglichkeiten ...“

„Seid Ihr deswegen zu mir gekommen“, fällt ihm der Oberst hart ins Wort, „um mir diesen verfluchten Quäkerzauber anzudrehen? Wollt Ihr mich auch dazu bringen, stundenlang ...“

Jäh ist Penn aufgesprungen. Mit zwei, drei raschen Schritten ist er bei Quary. Dieser greift mit der Rechten zum Degen und stößt mit einem Ruck den Stuhl von sich. Doch Penn, einen Kopf größer als der Oberst, hat schon die Rechte Quarys gepackt. Jetzt hält er tiefatmend inne und sagt leise:

„Gott allein wird entscheiden, wo Fluch, wo Gnade liegen. Es ist nicht recht, das, was ein anderer glaubt, verflucht zu nennen. Das war kein gutes Wort, Robert Quary. Und nun setze dich wieder! Ich will mit dir die Frage des Curaçao-Handels besprechen."

Penn läßt die Hand und den Degenknauf des Obersten los, hebt Quarys Stuhl auf und setzt sich schweratmend.

Zu dem noch immer vor ihm Stehenden, der den Degen halb aus der Scheide gezogen hat und ihn nun mit einem bösen Ruck wieder hineinstößt, sagt er:

„Vor mehr als sechs Wochen hat eine Schaluppe aus dem holländischen Curaçao eine Ladung Rotwein, Eisen und Leinen bis in den Delaware geschmuggelt. Dort ist alles in einer Nacht auf ein Schiff umgeladen worden, das von Jersey kam und so keinen Verdacht erregen konnte. Weil dieses Schiff schließlich an einem privaten Landeplatz festmachte, bestand von mir aus kein Grund, es zu untersuchen. Ich habe dich damals – immerhin bist du ja Richter der Admiralität – von dieser Sache in Kenntnis gesetzt, und zwar sofort! Sechs Wochen lang ist überhaupt nichts geschehen. Inzwischen ist die Schmuggelware natürlich längst in sogenannte ehrliche Hände gewechselt. Du aber, Robert Quary, hast überall verbreiten lassen, dieser Fall würde wieder einmal beweisen, daß der Gouverneur nichts gegen den Schmuggel in seiner Provinz unternehme."

„Sehr richtig", bestätigt Quary, der sich noch immer nicht gesetzt hat, „so ist es! Aber ich habe mich nicht vor dem Gouverneur von Pennsylvanien zu verantworten. Ihm unterstehe ich nicht."

Doch Penn läßt nicht locker.

„Stimmt es", fragt er weiter, „daß die drei oder vier Kaufleute, die alle diese Waren schließlich gekauft und in ihr Lager gebracht haben, Mitglieder der Kirche von England sind?"

„Es kommt Euch nicht zu", sagt der Oberst schroff, „mich wie einen Schulbuben auszufragen."

„Schade!" meint Penn. „Ich hatte tatsächlich angenommen, ich könnte mich mit einem königlichen Offizier verständigen. Schließlich sprechen wir die gleiche Sprache; haben, was England und diese Provinz anbelangt, die gleichen Interessen. Aber mir scheint, daß mich jeder Indianer besser versteht als du."

„Meine Interessen sind allein der Vorteil und das Wohl meines Königs", sagt Quary. „Meine Interessen sind deshalb nicht der Curaçao-Handel, sondern der Krieg gegen den französischen Ludwig, der seinen Enkel zum König von Spanien gemacht hat."

„Hat er das getan?" fragt Penn erschrocken.

„Politische Erschütterungen in Spanien", erwidert Quary, nervös auf seinen Degenknauf trommelnd, „wirken sich heutzutage bis Neufundland aus. Habt Ihr wirklich nichts von französischen Truppenbewegungen an der Hudsonbay gehört? Euer Wohlstand, Herr Gouverneur, schützt nicht vor feindlichen Angriffen. Im Gegenteil! Also – rundheraus! Wann wollt Ihr endlich Soldaten ausheben oder anwerben, um diese Provinz, die dem englischen König verpflichtet ist, der Krone zu erhalten?"

„Das ist Sache des Parlaments", antwortet Penn entschieden.

„Eines Tages werde ich das ganze Parlament mit seinen griesgrämigen Schwarzmänteln zum Teufel jagen", schreit Quary aufgebracht. „Mit diesen Memmen, die vor jeder Degenspitze, vor jedem Schuß Pulver in die Knie gehen!"

„Es mag solche geben", sagt Penn ruhig, „aber es gibt Tausende, die in den Gefängnissen ohne Murren gestorben sind. Sicher – das ist eine andere Art Tapferkeit, als du sie kennst, Robert Quary. Aber vielleicht eine größere. Es gibt Tausende, die unter Peitschenschlägen und grausamen Folterungen nicht in die Knie gegangen sind – nicht anders als der Mann von Nazareth, auf den sich doch auch die Kirche von England beruft. Aber ich sehe, du wirst ungeduldig."

Penn erhebt sich.

„Ich bin davon überzeugt", bemerkt der Oberst mit verkniffenem Lächeln, „daß auch die Quäker ihre Flinten im Schrank versteckt halten. Kann denn ein Mensch ganz ohne Waffe leben?

Aber seid gewiß! Ich werde sie hervorlocken, Herr Gouverneur, das verspreche ich Euch. Wenn die Leute Angst kriegen, werden sie ihre heimlichen Schießprügel schon hervorkramen. Mir kann doch keiner weismachen, daß die Quäker so friedliebend sind, daß sie einem angreifenden Franzosen mit gefalteten Händen entgegengehen. Ich werde es Euch beweisen, Mr. Penn, daß Eure Provinz voller Gewehre und voller wehrfähiger Männer steckt. In einer Woche haben wir eine Armee in Pennsylvanien!"

Penn verabschiedet sich.

Er ist unzufrieden mit sich selbst, weil es ihm wieder einmal nicht gelungen ist, einen Menschen allein mit Güte und Freundlichkeit zu überwinden. Was für ein Schwächling bin ich doch, wie klein ist meine Güte, wie ärmlich meine Geduld, wie fern meine Liebe!

Wenn ihr nur die liebt, die euch lieben, was ist das schon Besonderes? Tut man das nicht auch unter denen, die Gott verachten?

Der Gedanke, in diesem so wichtigen Gespräch versagt zu haben, quält ihn noch lange. Wie gut, endlich wieder in Pennsbury zu sein – bei Hannah, bei Lätitia, bei Thomas!

30

Das Gerede des Obersten Quary – „In einer Woche haben wir eine pennsylvanische Armee!“ – hat William Penn gar nicht ernsthaft zur Kenntnis genommen und schnell vergessen.
Vier, fünf Tage nach dieser Unterredung aber erreicht ihn eine sonderbare Nachricht. Sie beweist, wie eigensinnig und willkürlich, ja, wie unbeherrscht Quary handeln kann, wenn er sich etwas in den Kopf gesetzt hat. Penn ärgert sich zuerst, aber dann lacht er über die ganze Geschichte – und sie ist wirklich zum Lachen!

In Philadelphia hatte der große monatliche Markt stattgefunden. Die Frauen und Männer aus der Stadt und Hunderte von Siedlern aus Pennsylvanien, Virginia und Maryland waren zusammengeströmt – zu kaufen, zu verkaufen, einander zu besuchen, Neuigkeiten auszutauschen, über den drohenden Krieg zu sprechen, Genaueres darüber zu erfahren, ob Ludwig XIV. seinen Enkel als Philipp V. in Madrid wirklich hatte krönen lassen, ob der Herzog von Marlborough, der Feldherr der Engländer, schon unterwegs sei, um gemeinsam mit dem Prinzen Eugen gegen ein französisches Heer zu ziehen ... und was die Franzosen in Neuschottland vorhatten, an der Hudsonbay? Wieweit der Krieg gediehen war? Überhaupt schon ausgebrochen?

Kurz vor der Mittagszeit, als es auf dem Markt am lebhaftesten zugeht, jagen zwei Boten im Galopp durch die auseinanderstiebende Menge, biegen in eine Seitenstraße, die auf den Markt mündet, und treffen just dort auf Oberst Quary. Hoch zu Roß, als hätte er da gewartet.

Die beiden Boten, aufgeregt neben Quary durch die Marktmenge reitend, rufen ihm zu: „Jawohl, Herr Oberst! Den Fluß überschritten ...! Natürlich, auf die Stadt zu ... Franzosen und Indianer ... den Delaware hinauf ... Jawohl, Herr Oberst! Eine Flotte ...“

„Leute“, schreit nun Quary, sich auf seinem Pferd aufrichtend und seinen blitzenden Degen schwingend, schreit über die totenstill gewordene Menge hin: „Leute, die Franzosen kommen! Hier die beiden Boten, die das bezeugen! Bewaffnet euch, verteidigt die Provinz! Holt eure Waffen! Folgt mir! Alarm! Die Franzosen kommen! Holt eure Waffen!"

Irgendwo ruft einer: „Es lebe Oberst Quary!"

Ein gedämpftes Stimmengewirr bricht los, Poltern, lärmendes Gerumpel der Kisten und Kasten bei den hastig einpackenden Händlern. Dann das Klappern der Pferdehufe, das Rattern der Fuhrwerke. Die Menschen strömen in ihre Häuser, in die Straßen rings um den Markt. Sie suchen ihre Pferde oder Maultiere und reiten heim. Die Quäker versammeln sich in ihren Gebetshäusern, ohne daß irgend jemand sie gerufen hätte.

Quary hat nach seinem großartigen Auftritt – so wird es Penn berichtet – eine Viertelstunde, eine halbe Stunde auf dem leeren Marktplatz gewartet. Immer in der Hoffnung, daß sich die Männer mit ihren Gewehren bei ihm melden würden. Drei junge Leute sind gekommen – mit Pistolen. Außerdem noch vier ein wenig ängstlich wirkende Quäker oder Mennoniten, von denen zwei ein Jagdgewehr tragen. Quary, hartnäckig und eigensinnig, marschiert mit diesem Trupp durch die Hauptstraßen von Philadelphia und läßt seine zwei Boten ausrufen:

„Verteidigt Pennsylvanien! Krieg mit den Franzosen! Krieg mit den Franzosen!"

Die Truppe ist schließlich auf zwölf angewachsen. Nach drei Stunden entläßt sie der Oberst, entlohnt seine Boten – überzeugt davon, daß dieses Land dem Untergang geweiht ist.

Dieses Ereignis trägt natürlich dazu bei, Quary und sein Amt in Pennsylvanien noch stärker in Mißkredit zu bringen; vor allem deswegen, weil sich alle durch die von ihm inszenierte Komödie gefoppt fühlen. Auch ihm selbst ist inzwischen die Lächerlichkeit der ganzen Szene bewußt geworden. Um so hartnäckiger bemüht er sich, Penn zu stürzen.

Er schreibt an den König:

„Ich erspare es Eurer Majestät, wiederum all die Unzuträglichkeiten, die diese Provinz und ihren Gouverneur kennzeichnen, anzuhören. Die Berichte über den Wohlstand Pennsylvaniens verschweigen, daß Schmuggel, geduldetes Seeräubertum, Nachgiebigkeit der Gerichte, viel zu wenige Gefängnisse und – was der Anlaß meines heutigen Schreibens ist – die Abwesenheit eines Heeres die eigentlichen Gründe dieses Wohlstandes sind.

Meine Bemühungen, wegen des Krieges mit Frankreich Kriegssteuern zu erheben und die Aufstellung von Soldaten zur Verteidigung der Kolonie durchzudrücken, scheitern immer wieder an dem ketzerischen Glauben der Quäker, vor allem am Widerstand des Gouverneurs William Penn. Wenn ich Eurer Majestät meine untertänige Meinung darlegen darf, so behaupte ich, daß sich eine Kolonie einfach nicht in privaten Händen befinden darf.

Eine Reihe von Provinzen sind schon königliche Kolonien geworden. So hat Maryland vor kurzem einen königlichen Gouverneur erhalten. Mir erscheint es unzeitgemäß, ja absurd, daß sich Pennsylvanien, die wichtigste Provinz Eurer Majestät in Amerika, noch immer in privatem Besitz befindet, daß ein Mann, der einer gefährlichen Sekte angehört, Eigentümer dieser Provinz ist und sie nach seinen Ideen leiten darf.

Die Ablösung Penns durch einen Gouverneur, den Eure Majestät ernennt, scheint mir gerade im gegenwärtigen Zeitpunkt rechtlich unangreifbar, da sich Gouverneur wie Parlament weigern, den umliegenden Kolonien Waffenhilfe im Krieg gegen die Franzosen zu leisten. Es ist einfach verbrecherisch, daß ausgerechnet die größte und reichste Provinz Eurer Majestät in der Neuen Welt, die nicht nur wirtschaftlich, sondern auch militärisch ein Bollwerk gegen alle feindlichen Kräfte bilden könnte, mit müßigen Händen den Bemühungen Eurer Majestät zusieht. Ein königlicher Gouverneur statt eines privaten Eigentümers – das ist aus meiner Sicht die einzige Lösung."

31

Es ist nicht Oberst Quarys Art, mit seinen Gedanken über die rechte Politik in der Welt hinter dem Berge zu halten. Seine Empfehlung an den König: Ein königlicher Gouverneur statt eines privaten Eigentümers! macht die Runde in den Häusern, auf dem Markt. Ohne Zweifel hat er selbst diese aufreizende Forderung unters Volk gebracht.

Penn muß also handeln! Er bemüht sich, eine Reihe wichtiger öffentlicher Ämter mit neuen Leuten zu besetzen. Das Parlament verabschiedet überraschend schnell und ohne lange Streitereien eine Fülle von Gesetzen, die schon lange anstehen.

Da bricht erneut die Schleuse der Gerüchte auf!

Hat nicht Penn selbst auf einer Zusammenkunft der indianischen Häuptlinge in Pennsbury davon gesprochen, daß er wieder nach Europa reisen müsse? Zwar nicht eindeutig und offen, aber immerhin ...

War es zudem nicht ein offenes Geheimnis, daß es unentwegt Zwistigkeiten mit dem mißratenen Sohn William aus Penns erster Ehe gab, dessen Leben aus höchst zweifelhaften Vergnügungen bestand? Was doch bedeutete: des Vaters Anwesenheit in England war nötig!

Oder – so wollten Böswillige wissen – entzog sich Penn möglicherweise durch eine scheinbar dringende Reise nach Europa seiner Verantwortung und überließ das Land ungeschützt den Angriffen der Franzosen?

Penn entscheidet sich nach langen Beratungen mit Markham, mit James Logan und manchem anderen dafür, der Gefahr, vom König kurzerhand abgesetzt zu werden, schnell und offen zu begegnen.

Oberst Quarys Saat am englischen Hofe ist aufgegangen!

Nur Penn selbst kann durch sein persönliches Handeln die Provinz vor dem Zugriff der Krone retten. Dabei geht es ihm gar nicht in erster Linie darum, Eigentümer des Landes zu bleiben. Er will vielmehr verhindern, daß die Quäker das Land ihrer Zuflucht verlieren und daß damit sein Lebenswerk gescheitert wäre – sein großer Plan, einen Ort auf dieser Erde zu schaffen, wo Gewissensfreiheit und Gewaltlosigkeit herrschen sollten.

Im Januar 1702 landen Penn, Hannah, Lätitia und Thomas, „der Amerikaner“, in England.

Das Land steckt tief in den Kriegsvorbereitungen. Schon haben – wie überall zu hören ist – die Franzosen den Vertrag verletzt, der den letzten Krieg mit England beendet hatte. Haben sie doch einen Stuartsohn, der im Exil lebte, als englischen König anerkannt.

Man hat also in diesen Wochen in Whitehall durchaus andere Sorgen, als sich die Beschwerden und Befürchtungen des ohnehin ungeliebten Quäkerführers anzuhören.

Doch die Lage ändert sich schnell.

Nur zwei Monate nach Penns Ankunft stirbt König Wilhelm III. nach einem unglücklichen Sturz vom Pferde. Seine Nachfolgerin, Königin Anna, eine Tochter Jakobs II., läßt toleranten und freien Gedanken Raum.

Sehr bald läßt man Penn wissen, daß die Königin bereit ist, ihn mit einer Abordnung von Quäkern zu empfangen. Am Ende dieser Audienz verabschiedet Königin Anna die Quäker mit den Worten:

„Mr. Penn, ich hoffe sehr, daß unser Gespräch Eure Zufriedenheit gefunden hat. Seid Ihr selbst und Eure Freunde meines Schutzes versichert!“

Davon, Penn seines Gouverneurspostens zu entheben und ihm Pennsylvanien als Eigentum zu entziehen, ist keine Rede mehr!

Was also sollte sie, die freudige Familie, nun noch davon abhalten, nach Amerika, in ihr geliebtes Pennsbury, zurückzukehren?!

Zwar fühlte sich der Vater nicht recht wohl, besonders die Beine bereiteten dem massigen Mann Beschwerden. Auch empfand Penn vor einer erneuten langen Seereise ein gewisses Grauen. Auf der anderen Seite aber beflügelte ihn der günstige

Wechsel der Ereignisse, brachte ihn dazu, mit neuem Schwung an sein heiliges Werk zu gehen.

Sein Briefwechsel mit James Logan wird lebhaft und beschwingt wie in früheren Tagen. Die niederdrückenden Nachrichten aus Pennsylvanien schiebt er mit der Bemerkung beiseite: „Ich werde bald hinüberkommen und alles ins rechte Lot bringen." Und er beschließt den Brief mit Worten aus seinem Buch „Kein Kreuz, keine Krone":

„Keine Pein – kein Preis
keine Dornen – kein Thron
kein Schmerz – kein Schmuck
kein Kreuz – keine Krone."

32

Während der Vorbereitungen für die Rückfahrt nach Amerika meldet sich Penn bei seinem Sekretär zu einem Besuch an.

Er findet ihn im Krankenbett, aber Philip Ford ist – wie er versichert – fähig, wie üblich die verschiedenen geschäftlichen Angelegenheiten mit ihm zu regeln.

Auch Bridget ist anwesend, und schließlich kommen noch – wie zufällig – der erwachsene Sohn der Fords und ein Bekannter hinzu, ein Rechtsanwalt namens John Bruce.

Ford nimmt von dem Tischchen an seinem Bett einen Packen Papiere und übergibt ihn Penn mit den Worten: „Das sind die Rechnungen vom 1. April 1697 bis zum 1. April 1702, die ich für dich, William Penn, beglichen habe. Ich bitte dich, sie anzuerkennen."

Penn blättert in den Papieren.

Dann zieht er einen kleinen, mit allerlei Zahlen bekritzelten Zettel aus seiner Tasche und sagt: „Auch ich habe einmal, so gut ich das kann, einen Überschlag gemacht. Nach meiner Rechnung hast du fast 18000 Pfund von mir erhalten. Die Rechnungen, die du für mich begleichen solltest, machen rund 16000 Pfund aus. Stimmt das mit deinen Rechnungen überein?"

„Oh", widerspricht da Bridget, „und die Zinsen für das geliehene Geld? Die belaufen sich auf mindestens 14000!"

Penn leise: „Das kann ich mir nicht denken."

John Bruce lächelt. „Wenn ich mich einmal einmischen darf, Mr. Penn? Vielleicht ist die Höhe der Summe gar nicht so entscheidend. Ob nun 12000 oder 20000 – darauf kommt es doch gar nicht so sehr an. Es kommt darauf an, ob die Familie Ford eine Rückendeckung hat, da Ihr, Mr. Penn, doch im Augenblick sicher nicht zahlungsfähig seid. Oder? Seht Ihr, das dachte ich mir! Und weil – wie Ihr selbst seht – Mr. Fords Gesundheitszustand nicht besonders gut ist, meine ich, man sollte auf jenes Dokument vom März 1690 zurückkommen, in dem Ihr die Provinz Pennsylvanien im Falle Eurer Zahlungsunfähigkeit ..."

Penn reißt den Kopf hoch.

„Was?" schreit er, das Gesicht rot vor Zorn, die Augen aufgerissen. „Was? Das war, Philip ... das war eine geheime Abmachung ... damals in der Notlage ...! Nicht einmal ins Testament, so hatten wir es abgemacht ...! Eine Sicherung unter Freunden, nicht mehr sollte es sein ... unter uns beiden, nur unter uns!"

„Beruhigt Euch!" John Bruce weist auf Philip Ford, der mit geschlossenen Augen daliegt. „In dieser Lage, nicht wahr? Aber die Dinge liegen völlig normal, Mr. Penn. Eine geheime Abmachung, jawohl! Aber doch eine Abmachung, schriftlich und in aller vorgeschriebenen Form. Dagegen läßt sich gar nichts sagen."

„Dagegen läßt sich manches sagen", ruft Penn fassungslos. „Jedes Gericht wird mein Recht anerkennen."

„Sicher gibt es ein Rückkaufsrecht für Euch, Mr. Penn", räumt John Bruce ein.

„Davon kann gar keine Rede sein", widerspricht nun der junge Ford. „Mein Vater ist Eigentümer von Pennsylvanien, und nur er könnte Mr. Penn ein Rückkaufsrecht einräumen, sofern er das für angemessen hält."

„Ich bitte", flüstert Bridget Ford, „mit Rücksicht auf Philip die Verhandlung abzubrechen."

Der Aufbruch nach Pennsylvanien wird aufgeschoben und wieder aufgeschoben. Penns Rechtsbeistand versucht in monatelanger Arbeit, die riesigen und ungeordneten Stöße von Belegen und Notizen, auch alle sonstigen Papiere zu prüfen. Dabei stellt er fest, daß Ford Zinsen auf noch nicht gezahlte Vorschüsse, daß er statt der gesetzlichen sechs Prozent acht erhoben hat, daß er für die Landverkäufe in Amerika übersteigert hohe Vergütungen erhalten und viele Einzelheiten in den Rechnungen abgeändert hat. Doch all dies hat keinen Einfluß, kann keinen Einfluß auf die Unterschrift Penns haben, die er damals im Tower in der Todesgefahr geleistet hatte und die Ford und seiner Frau den Anspruch auf Pennsylvanien zusichern. Daran kann auch das königliche Kanzleigericht, das sich mit diesem Streit beschäftigt, nichts ändern. An eine Abfahrt nach Amerika ist während des Prozesses, der über sechs Jahre dauert, nicht zu denken.

Als Philip Ford stirbt, übernehmen Bridget und ihr Sohn den Anspruch auf Pennsylvanien, und sie streiten noch hartnäckiger, als es der Verstorbene getan hat. Sie lehnen, obgleich auch sie zur Gesellschaft der Freunde gehören, einen Vermittlungsausschuß der Quäker ab.

Nicht einmal die demütigende Lage, in der sich Penn inzwischen mit seiner Familie befindet, kann sie dazu bewegen, von ihren unnachgiebigen Forderungen abzusehen. Die Penns sind jahrelang gezwungen, von den geringen Zuwendungen zu leben, die ihnen Hannahs Vater geben kann.

Das Gericht lehnt es schließlich ab, die Berge von Rechnungen, von Penn seit Jahren ohne Prüfung gutgeheißen, und die unzähligen Urkunden, von ihm ebenfalls ohne Prüfung unterschrieben, im einzelnen zu prüfen. Dadurch ermutigt, fordern die Fords jetzt nicht nur 20000 Pfund Zinsen und Provisionen, sondern auch noch Pachtgelder für die Provinz Pennsylvanien – und das von 1697 an.

Am 7. Januar 1708 nimmt William Penn an einer Quäkerversammlung in der Grace-Church-Street teil – in derselben Straße, in der er vor fast dreißig Jahren verhaftet worden war.

„Es ist erstaunlich“, wendet er sich an die andächtig zuhörenden Freunde, „wie viele Millionen Menschen in diese Welt hineingehen und sie wieder verlassen, ohne daß sie sich selbst kennen oder gar die Welt, in der sie gelebt haben. Man reist durch ein Land und weiß nicht, was es für ein Land ist. Man liest ein Buch, auch wenn es die Heilige Schrift ist, und weiß nicht, was darin steht. Man spricht Jahrzehnte hindurch mit einem Menschen, nennt ihn ‚Freund‘ und weiß doch nichts, gar nichts von ihm.“

Während Penns Rede betreten drei Gerichtsdiener den Raum. Sie warten, bis er seine Ansprache beendet hat.

„Was gibt es?“ fragt einer der Freunde die Gerichtsdiener.

„Mr. William Penn, 63 Jahre alt“, lautet die Antwort, „ist in Fleet einzuliefern, im Schuldgefängnis.“

Penn nickt, als wisse er längst Bescheid, und verläßt, von den drei Männern fast ehrfürchtig begleitet, das Haus.

Auch einige Freunde gehen mit ihm. Sie versuchen, mit den Gerichtsdienern zu reden, sie zu bewegen, den Befehl aufzuschieben, damit diese demütigende Behandlung verhindert wird. Doch Penn geht weiter, ohne ein Wort zu sagen. Sein Gesicht wirkt sonderbar entspannt, nur sein Gang ist ein wenig unsicher.

Man gewährt ihm einige Erleichterungen in dem düsteren Fleet. Schließlich ist man es in diesem Gefängnis gewöhnt, dann und wann vornehme Gäste zu haben.

Auf seinem Tisch liegt ein unbeschriebenes Blatt Papier. Er sitzt davor, kann keinen Anfang finden. Langsam geht er in seiner Zelle auf und ab, setzt sich wieder, blickt auf den weißen Bogen. Er greift zu James Logans letzten Briefen – wie oft, wie oft hat er das in diesen Tagen getan –, liest da und dort einen Satz, eine halbe Seite. Von den Unzuträglichkeiten im Parlament, von den Änderungen an der Verfassung, von den Angriffen auf den Gouverneur, von vielen unwürdigen Gerüchten, von der Weigerung der Pächter, Steuern zu zahlen, von den Zwistigkeiten zwischen Quäkern und Quäkern, zwischen Leuten der Kirche von England und Quäkern, zwischen Mennoniten und Protestanten, von der immer stärkeren Neigung der Siedler und allmählich auch des Parlamentes, Soldaten aufzustellen und Waffen zu kaufen, von dem Wunsch einzelner Bezirke Pennsylvaniens, sich aus dem Provinzverband zu lösen ...

Penn greift zur Feder und schreibt:

„Es ist genug! Das heilige Experiment ist gescheitert. Bridget Ford und ihr Sohn werden die Gouverneure Pennsylvaniens sein. Und Gott hat von unserem kühnen Traum seine Hand zurückgezogen. Ein Staat ohne Streit und Krieg – das kann wohl nicht sein.

Warum nur will Gott das nicht? Ich werde ein Testament machen, damit Pennsylvanien nicht in die Hand meines Sohnes William gerät. Er hat weder die Kraft noch die Standfestigkeit dafür, und schon gar nicht hat er Liebe zu diesem Land. Hannah und, wenn Gott will, Thomas sollen Pennsylvanien bekommen. Aber sollen auch sie daran zugrundegehen – so wie ich?

Gib mir einen Rat, mein Freund. Die Königin bietet vielleicht die beste Lösung für alle schwierigen Verwaltungs- und Finanzprobleme. Wenn man ihr die Provinz überließe? Sie wird meiner Familie die ihr zukommenden Privilegien erhalten.

Mein heiliges Experiment ist gescheitert! Frieden, Freiheit, Güte, Duldsamkeit können wohl noch keine Autoritäten in dieser Welt darstellen. Noch nicht! Ich aber werde niemals aufhören ..."

Die Feder fällt William Penn aus der Hand. Sein schwerer Kopf sinkt nach hinten. Ein sanfter Schlaganfall raubt ihm für einige Stunden das Bewußtsein.

Im September verläßt er Fleet. Hannah und Thomas reisen mit ihm nach Ruscombe bei Twyford, wo sie ein kleines Haus gemietet haben.

33

Während der acht Monate, in denen Penn im Schuldgefängnis liegt, schlägt die Stimmung unter den Quäkern in England und Pennsylvanien wie auch in der übrigen Bevölkerung um. Selbst die Richter des königlichen Gerichts sehen die Sache jetzt in einem ganz anderen Licht.

Vor dem Hintergrund der unwürdigen Verhaftung Penns während der Gebetsversammlung in der Grace-Church-Street erscheint jetzt das Verhalten des Sekretärs und seiner Familie als verachtenswert und abstoßend. War doch durch ihre anmaßende Begehrlichkeit und auf ihre Anzeige hin ein so unbescholtener und allgemein geachteter Mann wie Penn ins Schuldgefängnis geworfen worden.

Bridget Ford war schließlich so weit gegangen, ein Gesuch an die Königin zu richten, in dem sie um die Verleihungsurkunde einkam, mit der ihr und ihrem Sohn die Provinz Pennsylvanien übereignet worden wäre. Natürlich berief sie sich auf das Dokument von 1690, in dem Penn ja wirklich aus seiner verzweifelten Lage heraus seine Unterschrift geleistet hatte.

Der Lordkanzler aber beschied sie in dem Sinne, daß Pennsylvanien überhaupt nicht zur Debatte stünde, sondern allein die Geldschuld Penns an die Fordfamilie. Diese Schuld wurde schließlich auf 7600 Pfund festgesetzt. Quäker wie Nichtquäker in Amerika und England wetteiferten jetzt darin, diese Summe für William Penn zusammenzubringen. Schon im September 1708, kaum daß man Penn aus Fleet entlassen hatte, konnte den Fords die gesamte Summe übergeben werden. Alle Schuld war beglichen.

Als James Logan nach England kommt, um mit dem Freund die Lage in Pennsylvanien zu besprechen und mit neuen Weisungen heimzukehren, versucht Penn noch einmal, in London Fuß zu fassen und in gewohnter Weise am öffentlichen Leben teilzunehmen. Aber er hält den Anstrengungen nicht mehr stand. Hannah muß ihn nach Ruscombe zurückholen. Und dort erleidet er sehr bald einen zweiten, schwereren Schlaganfall.

Fast scheint es, als würde sich die Nachricht von der Gefangenschaft und der Krankheit des Gouverneurs günstig auf die Verhältnisse in seiner amerikanischen Provinz auswirken. So darf er noch voller Freude die Nachricht empfangen, daß sich das Parlament Pennsylvaniens in einem schmerzlichen, aber energischen Kraftakt all der ewig nörgelnden und Unfrieden stiftenden Männer entledigt hat, daß Männer wie James Logan immer größeren Einfluß gewinnen, daß die Einfuhr von Sklaven nach Pennsylvanien verboten wurde und daß sich die Provinz auch weiterhin aller militärischen Handlungen in dem fortschreitenden englisch-französischen Kriege hat enthalten können.

Hannah sorgt weiter mit ruhiger Energie für Penn und ihre fünf Kinder. Und sie läßt die Verbindung zu den Freunden in Pennsylvanien niemals abbrechen.

Das Siechtum Penns dauert noch bis zum Juli 1718 an.

Als William Penn stirbt, ist Thomas, der „Amerikaner", alt genug, um das Werk seines Vaters fortzusetzen. Hannah und er haben nach dem Willen und mit der sanften Hilfe des Kranken die Rechte und Interessen der Familie Penn in Amerika all die Jahre lang vertreten.

Thomas reist nach Amerika, und die Siedler machen sehr bald die Erfahrung, daß er entschlossen ist und auch die Fähigkeit besitzt, dieses Land zu führen, seine Rechte zu wahren und die Gedanken seines Vaters in die Tat umzusetzen – soweit es die politische Lage zuläßt und die Kraft der Quäkerschaft ausreicht.

Bis zur amerikanischen Unabhängigkeitserklärung im Jahre 1776 bleibt Pennsylvanien im Besitz der Familie Penn. Dann wird es als einer der wohlhabendsten Staaten der neugebildeten Union angeschlossen – als ein Staat, der eine freie und tolerante Verfassung und den Grundgedanken einer von Frieden und Gerechtigkeit geprägten Gesellschaft in die nordamerikanische Staatengemeinschaft eingebracht hat.

In dieser Reihe weiterhin erschienen:

Axel Hambraeus

Anneli

260 Seiten, Bestellnummer 113671

Charlotte Hofmann-Hege

Tausend Sterne hat die Nacht

Ein außergewöhnliches Leben

248 Seiten, Bestellnummer 113672

Willy Kramp

Brüder und Knechte

Ein Bericht

55 Jahre Kriegsende

360 Seiten, Bestellnummer 113673

Hanna Ahrens

Feste, die vom Himmel fallen

Überraschungen im Alltag

96 Seiten, Bestellnummer 113675

Andreas Benda

Der Himmel scheint durch alle Ritzen

Regen- und Sonnenscheingeschichten

160 Seiten, Bestellnummer 113676

BRUNNEN VERLAG GIESSEN

James Johnson

Deckname Sebastian

Entscheidung im Negev

204 Seiten, Taschenbuch, Bestellnummer 113983

So hatte sich Pastor Sebastian seinen Erholungs- und Bildungsurlaub nicht vorgestellt: Im Flugzeug der israelischen Luftfahrtgesellschaft kommt es zu einer Explosion. Nur wenige Passagiere und Besatzungsmitglieder überleben die Notlandung in der Negev-Wüste. Als Sebastian feststellt, daß einer der Überlebenden Verbindung zu den Terroristen haben muß, spitzt sich die Lage zu. Die Tatsache, daß ihr Flugzeug weit von der ursprünglichen Flugroute entfernt notlanden mußte und die Rettungsmannschaften absichtlich fehlgeleitet werden, raubt den Überlebenden die letzte Hoffnung. In dieser Lage beschließt man, alles zu riskieren und auf eigene Faust die Wüste zu durchqueren.
Der Kampf ums Überleben beginnt. Gehetzt von zwei feindlichen Geheimdiensten und kräftemäßig am Ende, zeigt es sich bald, wozu jeder einzelne in der kleinen Gruppe fähig ist.

James Johnson

Operation Freiheit Sieben

Sebastian in geheimer Mission

208 Seiten, gebunden, Bestellnummer 111641

Worauf hat sich Pastor Sebastian da nur eingelassen?
Weil er einen verzweifelten Hilferuf einer Bekannten aus Florida erhalten hat, eilt Sebastian der jungen Frau zu Hilfe. Doch sogleich wird er in ein gefährliches Unternehmen verwickelt, das ihn sein Leben kosten kann. Eine Gruppe von Exilkubanern und der amerikanische Geheimdienst versuchen ihn für ihre Ziele einzuspannen. Mit einem altersschwachen U-Boot wollen die Kubaner sieben Menschen zu Flucht in die Freiheit verhelfen. „Operation Freiheit Sieben" nennt sich das fast aussichtslose Unternehmen. Auf welcher Seite steht Sebastian?
Das erste Buch dieser Serie, „Deckname Sebastian", ist ein beliebter Longseller. In diesem Band darf sich der Leser auf ein neues spannendes Abenteuer des streitbaren Pastors freuen.

Hermann Jantzen

Im wilden Turkestan

Ein Leben unter Moslems

304 Seiten, Taschenbuch, 5. Auflage, Bestellnummer 113974

Mit vierzehn Jahren erlebt Hermann Jantzen den beschwerlichen und gefährlichen Treck einer kleinen Mennoniten-Schar zu den Wüsten Zentralasiens. Sie flüchten vor dem russischen Militärdienst. Nicht nach Amerika, wie so viele andere zu der damaligen Zeit; nein, nach ihrer Überzeugung hat Gott für sie, hinter dem Tieschan-Gebirge eine Zufluchtsstätte vorbereitet.
Mit siebzehn wird Jantzen am Hofe des Chans von Chiwa Hofdolmetscher. In Russisch-Turkestan vereitelt er – im Dienst des Zaren und als Tatar verkleidet – mit knapper Not einen Aufstand der Kasachen. Doch korrupte russische Beamte sorgen für seine Verbannung nach Sibirien.
Obwohl Hermann Jantzen schon seit seiner Jugend dem christlichen Glauben nahesteht, dauert es viele Jahre bis er bereit ist, als Christ unter den einheimischen Moslems zu arbeiten. Noch am Vorabend der Oktoberrevolution, als wieder ein Aufruhr tobt und Kasachen Tausende von Russen ermorden, deren Dörfer niederbrennen, bitten die Aufständischen ihn um seinen Rat. Und noch einmal gelingt es Jantzen, ein weiteres Blutbad zu verhindern.

BRUNNEN VERLAG GIESSEN